# EL LIBRO DEL MAESTRO MASÓN

Oswald Wirth

# El libro del Maestro Masón

F
H
M
___

FONDO HISTÓRICO
DE LA MASONERÍA

Oswald Wirth

# El libro del
# Maestro Masón

Manual de instrucción iniciática para
el uso de los francmasones del Tercer Grado

| Publicado en 1894 |

masonica.es

EDICIONES DEL
ARTE REAL

*El libro del Maestro Masón*
Oswald Wirth

Editorial MASONICA.ES®
Colección Fondo Histórico de la Masonería | N.º 3
www.masonica.es

© 2017 EntreAcacias, S.L.

EntreAcacias, S.L.
[Sociedad editora]
c/Palacio Valdés, 3-5, 1º C
33002 Oviedo - Asturias (España)
Tel. Administración: (34) 985 792 892
Tel. Pedidos: (34) 984 701 911
info@masonica.es - pedidos@masonica.es

Primera edición: julio, 2017

ISBN: 978-84-947329-3-5
Depósito Legal: AS 01251-2017

Impreso por Ulzama
Impreso en España | Printed in Spain

«Es preciso conocer muy mal la francmasonería para ver en ella una institución envejecida y próxima a disolverse después de haber cumplido la parte más esencial de su misión.»

OSWALD WIRTH

# ÍNDICE

# CARTA A LOS INICIADOS DEL TERCER GRADO

Venerables Maestros:

Habéis sido elevados al supremo grado de la jerarquía masónica; vuestro diploma da fe de ello. Pero, ¿sois Maestros verdaderamente? Responder que cierta rama misteriosa os es conocida no resuelve la cuestión, porque cada uno puede retener una fórmula muy ritualista y repetirla, sin haberle tomado todo su alcance.

No hay, por lo demás, nada de humillante en confesar nuestra impotencia frente al misterio. Admitido en la Cámara del Medio hace siete lustros, yo no puedo vanagloriarme de conocer la Acacia. Como vosotros, me he quedado, en realidad, compañero. Mis viajes no han terminado y trabajo sin descanso en conquistar la Maestría, que estoy muy lejos de poseer.

¿Cómo puedo entonces tener la presunción de redactar un *Libro del Maestro*?

Si creo deber dar satisfacción a los HH.·. que esperan con impaciencia la publicación de este manual es porque, a fuerza de aspirar a la Maestría, he llegado a formarme de ella una concepción muy neta. Es porque sé muy bien lo que sería preciso ser para decirse Maestro, que me siento muy inferior al tercer grado. Consciente de todo lo que me separa del ideal, mido por este hecho mismo la distancia por recorrer para alcanzarlo. Deteniéndome al pie de la montaña, diviso el sendero que conduce a la cumbre, las dificultades de la ascensión se me presentan y puedo enseñarlas a los valientes deseosos de afrontarlas.

A ellos se dirige este tercer manual de instrucción iniciática, obra cuyo plan fue acordado desde 1888, en el seno del Grupo Masónico de Estudios Iniciáticos. Inmediatamente el *Libro del Aprendiz* fue puesto en prensa; pero no vio la luz sino a fines de 1892, bajo los auspicios de la Logia Trabajo y Verdaderos Amigos Fieles.

Este primer manual se inspiraba en ideas sugeridas por varios hermanos y largamente discutidas; por esto no llevó ninguna firma individual. No ocurrió lo mismo con el *Libro del Compañero*, aparecido en 1911, el cual fue redactado, de un modo mucho más amplio, bajo mi responsabilidad personal.

En cuanto al *Libro del Maestro*, que completa la serie, no ha podido ser elaborado en Cámara del Medio. Se comprenderá, pues, que yo tomé por mi cuenta los puntos de vista que he procurado exponer en este tratado particularmente espinoso.

Sin duda para recuperar la Palabra Perdida he tenido que recurrir a las luces de los HH.˙. más instruidos. Unos como José Silberman y el H.˙. Hubert, director de *La Chaine d'Union*, han estimulado verbalmente mis meditaciones, mientras que Ragon, Eliphas Levi, Alberto Pike, y, sobretodo, Goethe, me han instruido con sus escritos.

Pero no basta en estas materias asimilar el pensamiento de otro. Para reanudar el hilo roto de las tradiciones olvidadas es preciso revivificar el pasado mediante un esfuerzo personal intenso y perseverante. Se trata de revivir uno mismo los tiempos antiguos, absorbiéndose en el estudio de los monumentos significativos que ellos nos han dejado. Ruinas, supersticiones, doctrinas filosóficas desacreditadas, religiones extrañas, todo merece ser explorado cuidadosamente; pero nada podría ser más revelador que los poemas y los mitos.

Los poetas, cuya imaginación es iluminada, son más instructivos en Iniciación que los fríos razonadores. La epopeya caldea de Gilgamés y la leyenda del descenso de Isthar a los infiernos, que son composiciones de un alto alcance iniciático, se remontan a más de cinco mil años.

La narración de la muerte de Osiris y tantas otras fábulas, traducen en imágenes enseñanzas de la más profunda sabiduría. La Biblia misma es preciosa para quien sabe comprenderla.

La seducción de Eva por la serpiente hace alusión a los principios fundamentales de toda iniciación, lo mismo que una cantidad de otros cuentos más recientes.

Las generaciones se transmiten fantasmagorías frívolas, en apariencia, que el pensador no debe desdeñar. Ellas son las que animan el vitral de esta ventana de Occidente, al cual el Iniciado, salido en la mañana del Oriente, se aproxima en la tarde después de haber examinado a medio día todas las cosas a la plena claridad del día.

Desde el alba su razón despertada había acechado cerca de la ventana de Oriente los primeros rayos de luz que han de penetrar en su espíritu.

Esta iluminación demasiado repentina debía deslumbrarlo y hacerlo presuntuoso. Llena de ardor la inteligencia así sorprendida se cree fuerte contra todos los errores. No ve a su alrededor sino prejuicios que combatir y fantasmas que poner en fuga. Es la edad de los juicios precipitados, que no toman en cuenta ninguna autoridad y condenan sin reserva todo lo que no cuadra con la opinión intransigente demasiado bruscamente adquirida.

Esta exuberancia juvenil se calma hacia la mitad de la vida. Es entonces cuando una luz implacable cae casi verticalmente por la ventana del Mediodía. Los objetos no proyectan sino un mínimum de sombra y se destacan en toda su realidad. Es la hora en que conviene observarlos rigurosamente, mirándolos en todas sus fases. El juicio se hace entonces circunspecto y queda voluntariamente en suspenso. Una comprensión exacta rehúsa condenar, porque explica con indulgencia, de acuerdo con el papel que corresponde a todos los factores en causa.

La plena luz conduce también a la Tolerancia que caracteriza la Sabiduría de la Iniciación. Es preciso haber llegado a juzgar todo con serenidad para obtener el derecho de abrir la ventana occidental del Santuario del Pensamiento. El Sol se ha puesto entonces: la agitación del día se calma y la paz de la tarde se extiende gradualmente sobre la llanura. Los detalles se esfuman en la sombra creciente que hace reaparecer el brillo de la estrella vespertina delante de la cual palidecen todas las otras. Este astro ya no es el arrogante Lucifer, inspirador de orgullo y de rebelión; es un hogar de suave claridad que evoca el sueño del idealismo. Desde ahora la noche puede tupir sus velos: las tinieblas del exterior no prevalecerán sobre la luz del interior. Además, cuando los vivos se callan, los muertos se disponen a hablar. Ha llegado la hora de evocar a aquellos que guardan los secretos que se llevaron a la tumba. Son ellos los verdaderos Maestros, cuyos pensamientos podemos hacer revivir, conformándonos a los ritos prescritos.

Pero no prestemos a las ceremonias un valor sacramental. Hiram no resucita en nosotros porque hemos desempeñado exteriormente su papel. En Iniciación nada vale fuera de lo que se realiza interiormente.

Esforzaos, pues, Venerables Maestros simbólicos, en transformar el símbolo en realidad. Titulares de diplomas y portadores de insignias, convertíos en Pensadores que participan del Pensamiento imperecedero.

Pueda el *Libro del Maestro* guiarnos en el cumplimiento de esta grande obra.

Oswald Wirth

Or∴ de París, marzo de 1921

# NOCIONES HISTÓRICAS RELATIVAS AL GRADO DE MAESTRO

## Las instituciones primitivas

Si hacemos abstracción de la familia, que es anterior a toda formación social propiamente dicha, ¿cuál es la asociación permanente más antigua a la cual podemos remontarnos? Los sociólogos, que se apoyan en la etnografía, responden que es la agrupación de hombres adultos en sociedad secreta. Los individuos encargados de los intereses colectivos de la tribu se sienten naturalmente inducidos a reunirse para deliberar y tomar resoluciones comunes. A este efecto, tienden a congregarse estrictamente entre ellos, apartados de las mujeres, de los niños, y de los extraños. El acceso a su lugar de reunión está prohibido, en consecuencia, a las personas no calificadas para participar en las asambleas. Esta toma muy fácilmente el carácter sagrado lo mismo que el recinto que le está reservado. Tal es el origen del Templo del cual los profanos (de «pro fanum», ante el templo) son excluidos.

Para ser admitido en este lugar temible, cuya aproximación indiscreta trae desgracia, las condiciones varían. A veces, el adolescente es acogido por el solo hecho de haber alcanzado su mayoría de edad; pero sucede también que se imponen pruebas de resistencia física, o que sea preciso dar garantías de una suficiente madurez intelectual.

Siempre, desde el punto de vista de los primitivos, ningún acto podría ser más importante en la vida que la admisión del mozo en la asamblea de los hombres maduros. Ceremonias, fiestas y regocijos se agregan a éste, aún en nuestros días, entre los salvajes que aún quedan en el estado natural.

Pero no es esa sola, en general, la única solemnidad que gustan de celebrar con pompa.

Las costumbres de celebrar fiestas anuales en honor de la juventud que alcanza la edad de la pubertad, está casi universalmente esparcida. La primera comunión de los cristianos remonta asimismo, en su principio, a ritos de una extrema antigüedad. Lo mismo ocurre en la inmensa mayoría de las prácticas religiosas de los diferentes cultos, los cuales tienen sus raíces en las musarañas de los fetichistas prehistóricos.

Mas los fetichistas no deben ser despreciados. ¿No eran escogidos entre los viejos más experimentados, que habían dado pruebas de sabiduría, de prudencia y de sutileza en el seno de la asamblea de los hombres maduros? Demasiado debilitados de cuerpo para participar en las expediciones guerreras, estos ancianos, cuya inteligencia permanecía vigorosa, supieron tomar un ascendiente a menudo muy extendido. Éste fue el caso de los Druidas y otros sacerdotes similares. Notemos a este respecto que «pretre» (sacerdote) viene de *presbyter,* cuya raíz es una palabra griega que significa anciano.

## El Arte Sacerdotal y el Arte Real

Lo que se asemeja se agrupa. La similitud de los caracteres, de los gustos, de los intereses, de las ocupaciones, de los derechos y de los deberes impele al agrupamiento. Los viejos reputados los más sabios; pero físicamente débiles, fueron, pues, inducidos a agruparse separadamente y a reunirse aparte de la asamblea de los hombres todavía vigorosos, en el seno de la cual predominaba el elemento guerrero. Poco numerosos, los viejos estaban obligados a tener sus conciliábulos en el silencio de la noche, retirados en alguna choza aislada.

Como su prestigio y su influencia se basaban en su renombre de sabiduría, ellos tenían interés en instruirse recíprocamente, comunicándose el fruto de su experiencia y de sus meditaciones. Llegaron a ser así los depositarios de las tradiciones de la tribu. Entre ellos se encontraron relatores de cuentos, hábiles en encantar a su auditorio con relatos siempre llenos de altos hechos imaginarios atribuidos a los dioses y a los héroes. Hubo también rapsodias, cantores inspirados, hábiles en cautivar las imaginaciones; a veces, aún más, los adivinos anunciaban el porvenir e indicaban remedios para todos los males.

La sutileza del talento de los viejos muscularmente debilitados, prevaleció sobre la fogosidad irreflexiva de los fuertes. Explotando las creencias que habían contribuido a esparcir, débiles hombres de pensamiento como eran, se hicieron temer y venerar de las multitudes. Ante ellos se inclinaron guerreros intrépidos, que llegaban hasta a darse voluntariamente la muerte obedeciendo la orden de los representantes de los dioses. Ese fue el triunfo del poder espiritual, que luego abusó demasiado de su absolutismo.

Es preciso, sin embargo, reconocer en él un factor primordial del progreso humano. Fue el primero que domó la brutalidad instintiva, recurriendo a los únicos medios de que podía disponer. Supo hacer obrar a los fantasmas de la imaginación, para ejercer, gracias a ellos, su influencia sobre la inmensa masa de los espíritus groseros. Ése fue el punto de partida de este Arte Sacerdotal, que siempre ha desempeñado el papel principal en el gobierno de los hombres.

Pero no nos apresuremos a condenar antes de haber comprendido bien. En las cosas humanas, el bien y el mal tienden a entremezclarse: es preciso saber distinguirlos sin prejuicios. Reconocer el uno y el otro en todas las cosas es atributo del iniciado que ha sabido coger el famoso fruto de árbol del conocimiento del Bien y del Mal. Toda la psicología del sacerdote-brujo primitivo no se retrotrae a los subterfugios de una astucia ambiciosa, o al deseo egoísta de explotar el candor de los demás, porque tenemos que ver en él el precursor de nuestros filósofos y sabios.

Para sostener su renombre de sabiduría, debía encontrar respuesta a todo, y, en particular, a las preguntas que se hacen en presencia de los fenómenos naturales. Hubo de imaginar pronto una cosmogonía, que atribuía todo a la acción de seres invisibles, buenos o malos, concebidos a imagen del hombre. Las generaciones sucesivas profundizaron enseguida estas nociones rudimentarias, de las cuales se desprendió poco a poco toda la ciencia de las edades primitivas.

Aunque salida de la imaginación, esta ciencia no es de desdeñar. Se le ve traducida en mitos, en símbolos, en alegorías, en una multitud de prácticas supersticiosas. Guardémonos de desdeñarlas. Mientras más absurdas parecen a primera vista, más deben solicitar nuestra atención, si, transmitidas de siglos en siglos y sin cesar combatidas por las ortodoxias y el racionalismo, han sobrevivido a despecho de todo. La obstinación de su supervivencia no puede explicarse sino por un fondo de verdad oculto del cual son el muy impuro vehículo, tal como sería una perla que se encontrara metida entre un montón de harapos sórdidos. Como Maestros, nos corresponde descubrir esta perla, sin dejarnos desanimar por lo que la sustrae a la indiscreción profana.

Pero si la inteligencia humana es respetable hasta en sus primeros balbuceos, es preciso no perder de vista que los espíritus sutiles se inclinan a burlarse de los cándidos. El candor infantil de las gentes primitivas debía estimular la ingeniosidad de los hechiceros. En presencia de multitudes dóciles a todas las sugestiones, se atribuyeron misteriosos poderes. Por ceremonias extrañas, sacrificios y encantamientos, pretendieron conjurar dioses y demonios, determinar la buena o mala suerte y obtener la realización de todas sus fantasías. Así se esparció la creencia en la eficacia de los ritos mágicos, cuya tradición se ha mantenido hasta nuestros días, puesto que los vemos practicados tanto por el sacerdocio de las más orgullosas religiones como por los humildes fetichistas africanos.

Los mismos que explotan las supersticiones son, por otra parte, ampliamente engañados por ellas. Se creen investidos de poderes sobrenaturales que les han sido transmitidos mágicamente. Ejercen pues de buena fe su ministerio y asimismo se hacen pagar sus servicios, porque la primera misión del Arte Sacerdotal ha sido siempre alimentar a sus adeptos.

Nunca, además, los representantes del poder espiritual desconocieron las ventajas de una estrecha alianza con los detentadores del poder material. Los concordatos no son menos viejos que el mundo, porque se remontan a la fundación de las más antiguas dinastías. En efecto, ¿no está en la naturaleza de las cosas que una tribu que se siente más fuerte, más bien distribuida que la vecina, tome la resolución de asaltar a ésta? Para dirigir la operación del bandidaje, la elección de un guerrero enérgico se impone. Habiendo marchado todo a deseo, no es verosímil que el jefe militar triunfante se apresure a despojarse de su autoridad temporal. La necesidad de defender el botín mal adquirido reclama un comando permanente. Los primeros en comprenderlo son los hechiceros. Después de haber preparado la opinión pública, estos fieles intérpretes de la divinidad intervienen, pues, muy a propósito para administrar, bajo una forma u otra, un sacramento equivalente a la unción suprema. Inmediatamente la tribu victoriosa se beneficia con un gobierno estable, legítimo y regular.

Generalizado el proceso, sacerdotes y reyes reinan sobre el pueblo. Esto no ocurre fatalmente para la desgracia de los gobernados, porque el interés de los gobernantes está en llenar bien su tarea; gobernar tan sabiamente como sea posible. Reyes justos y sacerdotes honrados han podido colaborar en la felicidad de los rebaños humanos que habían tomado a su cargo. Es verdad también que en Egipto y Caldea se tuvo especial cuidado en la educación de los hombres llamados a reinar espiritual o materialmente. Las escuelas enseñaron un Arte Sacerdotal refinado, destinado a formar sacerdotes, y un Arte Real que preparaba para llegar a ser rey.

Esta instrucción superior, tendiente al más alto perfeccionamiento intelectual y moral de los individuos, fue en seguida puesta al alcance de todos los hombres, dignos de recibirla. En las cortes de la antigüedad clásica, se establecieron numerosos centros de iniciación en los que los misterios fueron revelados a hombres selectos cuidadosamente escogidos.

## La Maestría ideal

En nuestros días el Arte Real continúa siendo enseñado. Es verdad que lo es bajo el velo del simbolismo cuyo sentido no siempre se penetra.

Los masones del siglo XVII han podido también proclamarse adeptos del Arte Real porque los reyes se han interesado en otro tiempo en la obra de las corporaciones constructoras, privilegiadas en la Edad Media para levantar, en toda la cristiandad, los edificios sagrados (ver *El Libro del Aprendiz*).

Cuando la masonería moderna se desprendió de toda preocupación arquitectural profesional, para no preconizar más que una construcción filosófica puramente moral e intelectual. El Arte Real llegó a ser sinónimo de Grande Arte o El Arte por excelencia. ¿No era, en efecto, el rey de las artes este Arte Supremo, según el cual la Humanidad en su conjunto debe ser construida, arte que se aplica, en otro modo, a cada individuo destinado a ocupar su sitio en el inmenso edificio?

Pero es tiempo de restituir a la vieja expresión tradicional su sentido primitivo. No es preciso que la francmasonería se disimule que ella tiene por misión preparar a sus adeptos para una verdadera realeza: la del Ciudadano, soberano en el Estado moderno.

Ante todo, este Soberano debe tener conciencia de su dignidad. No reconocerá sobre sí ningún poder ante el cual debe humillarse para solicitar favores. La Cosa Pública (Res pública, República) es cosa de él, su propiedad, de la cual es responsable. No soportará ningún abuso y velará por no hacerse jamás cómplice de un acto que dañe el interés general.

Así comprendido, el Arte Real debe ser enseñado a los Republicanos, los que no hayan recibido educación de reyes, no sabrán ejercer su soberanía. Ésta será falaz hasta el día en que los ciudadanos estén penetrados de los deberes de la realeza colectiva que es su patrimonio. Si, en su moralidad, no se elevan por encima de los esclavos, todas las proclamaciones oficiales no cambiarán en nada su destino. Bajo el marbete más democrático continuarán soportando el yugo que no tuvieron la energía de sacudir. El derrumbamiento de un trono no confiere para siempre la libertad. Esta pide constantemente que la conquisten los que quieren merecerla. Guardémonos, pues, de dormirnos sobre los laureles de nuestros padres que tomaron la Bastilla; no seremos nunca libres si no sabemos sacrificar continuamente nuestras mezquinas ambiciones al bien general. Bajo cualquier régimen que sea, los sacerdotes y los reyes nos dominarán, mientras no hayamos aprendido a reemplazar por nosotros mismos a sacerdotes y reyes.

Pero no es posible sustraerse a esta dominación sino inspirándose en el adagio: «no se suprime sino lo que se reemplaza». No es en vano que el Iniciado está llamado a llegar a ser su propio Rey y su propio Sacerdote.

Será rey cuando reine sobre sí mismo, cuando lo que hay de más elevado en él se haga obedecer de lo que es inferior. Sólo esta Maestría de sí mismo puede conferir la dignidad real, característica del ciudadano celoso de su soberanía nacional.

Nadie debe poder, por otra parte, abusar de la imaginación del soberano... Éste se iniciará en los misterios del Arte Sacerdotal a fin de no ser engañado ni del representante de Dios que promete la felicidad en otro mundo, ni del charlatán político, pretendido detentador de la panacea universal que concluye con todas las miserias sociales.

La verdadera Maestría libera de todos los engaños; pero no se adquiere sino al precio de esfuerzos sostenidos, dirigidos contra todas nuestras debilidades intelectuales y morales.

## La misión de los Iniciados

En todos los tiempos y en todas las latitudes, se han encontrado espíritus leales que aspiran a la verdad, al bien de sus semejantes y a la supresión de los males que los hombres sufren por su propia culpa. Estos sabios, a veces, han hecho escuela, instruyendo discípulos. Dando ejemplo de una vida austera, no temieron, en ciertas circunstancias, atacar públicamente los abusos del día. Habiéndose atraído persecuciones, los reformadores fueron constreñidos a la prudencia; se hicieron discretos y se envolvieron en el misterio, sin abdicar nada de sus designios generosos. Así vieron la luz numerosas asociaciones más o menos secretas e independientes unas de otras, pero animadas de un mismo espíritu de justicia y filantropía.

Desde este punto de vista, la francmasonería actual es incontestablemente la heredera de las más nobles tradiciones. Obrera del progreso humano, tiene plena conciencia de su papel emancipador. Sin afiliarse a ninguna escuela y no decidiéndose por ningún sistema, busca con toda independencia la luz que libera de toda esclavitud.

Sabiendo que los pueblos no están condenados a una infancia eterna, los Iniciados siguen su evolución, que favorecen, trabajando en levantar por todas partes su nivel moral e intelectual. Desgraciadamente, existen coaliciones que conspiran en sentido contrario. Convencidas de que los pueblos tienen interés en ser mantenidos bajo tutela, se esfuerzan en retardar la marcha normal de las cosas y entraban el progreso.

Una lucha se traba así fatalmente entre los constructores del porvenir y los conservadores timoratos de un pasado del que son los beneficiarios. Elementos diversos intervienen, de una y otra parte en esta lucha, y cada uno pone en la obra los recursos de que dispone.

Lo que distingue desde este punto de vista a los Iniciados es el horror a la violencia. No son jamás ellos los que traman las revoluciones sangrientas o sublevan las multitudes excitando sus apetitos. El método de los Iniciados deriva de la experiencia de los siglos: es paciente, pero seguro.

Sin duda, una voz puede hacerse oír a propósito para recordar al sacerdote ignorante y a la reyecía degenerada los orígenes modestos de los más orgullosos poderes. Cuando el descendiente del primitivo Jefe de bandidos se gloríe de ser el ungido del Señor, los filósofos pueden permitirse reír abiertamente. No está prohibido a los ironistas ejercer su verbo a expensas de un pontífice infalible cuya soberanía espiritual se remonta a través de las edades a la muy equívoca anterioridad de un prehistórico jefe de hechiceros.

Son esos despropósitos de niños terribles, porque los Iniciados, cuidadosos de no trastornar nada demasiado bruscamente, se contentan, en general, con sonreír entre sí de las vanidades humanas. Temerosos de propagar intempestivamente verdades incendiarias, se imponen una discreción que es una fuerza temible. Mientras no sea la hora de hablar[1] se callan, acumulando las nociones reconocidas como verídicas, madurándolas así antes de darles su vuelo. Después, tienen la inmensa ventaja, de no ser utopistas. Saben que la felicidad de las colectividades no puede resultar sino de la transformación de los individuos que las componen. La salud del cuerpo social depende del estado de las células que lo constituyen. No atribuyamos pues una importancia exagerada a la modificación de los regímenes políticos o sociales. Son las piedras talladas a escuadra las que aseguran la solidez del edificio. La práctica del arte de edificar enseña a los Francmasones que, si han renunciado a la arquitectura material, no por eso tallan menos sus materiales de construcción. Desbastan en sí mismos la piedra bruta humana que pulen en seguida cuidadosamente a fin de adaptarla a las exigencias del gran edificio. Se trata de la reforma intelectual y moral de los individuos que es el objeto de toda iniciación verdadera.

Bajo simbolismos diferentes, el programa permanece en efecto él mismo cuando los «herméticos» enseñan alegóricamente a transmutar el plomo en oro, o cuando los «Rosa-Cruces» de los siglos XVI y XVII asimilan al Cristo, rey, mís-

---

[1] Inquirir la hora antes de abrir los Trab∴ es una prescripción del ritual.

tico, el hombre regenerado, muerto para sus pasiones, a fin de resucitar en la luz pura.

Sin duda este cristianismo iniciático no es el de los creyentes vulgares; pero la masonería también se eleva o desciende en la concepción de cada uno según el grado de iniciación conquistado efectivamente por sus adeptos; de ahí la necesidad que existe para éstos de instruirse tan completamente como les sea posible, bien decididos a deshacerse de sus prejuicios, a perder sus ilusiones, contribuyendo en todo a la emancipación particular y general por la cultura simultánea, en sí y en los demás, de todas las cualidades del espíritu y del corazón.

## La filiación masónica

Las instituciones primitivas, de que se ha tratado más arriba, se han transformado, según las circunstancias, en asociaciones políticas religiosas o sociales de una inmensa variedad de formas. No tomando en cuenta sino la «mise en scene» y el ceremonial aún en boga entre los salvajes actuales, se distinguen seis grupos de instituciones que derivan de los usos más antiguos.

A la cabeza vienen las sociedades secretas político-mágicas, compuestas de hechiceros, adivinos y de curanderos más o menos convencidos. A menudo cultos, proscritos, considerados como inmorales, se perpetúan secretamente y dan lugar a sábados como los de la Edad media. Sucede también que estas corporaciones no carecen de seriedad, al menos en cuanto a las pruebas que imponen a los aspirantes. Los pieles rojas proceden bajo este respecto a verdaderas iniciaciones.

En segundo lugar vienen las ceremonias de tribus, que se ligan al culto del hogar familiar y de los antepasados. De esta fuente derivan a menudo las pompas oficiales y las religiones del Estado. Estas ceremonias tuvieron tal importancia en la antigüedad que Fabio, en plena campaña contra Aníbal, creyó de su deber dejar el ejército para ir a ofrecer, en su tiempo y lugar, los sacrificios prescritos por tradiciones de la familia fabiana, de la cual él era el Jefe.

En la tercera categoría entran todas las hermandades religiosas que imponen un noviciado preparador para una vida espiritual inaccesible al común de los mortales. La perfección moral es el objeto que persiguen estas instituciones, sean ellas cristianas, budistas o musulmanas; pero cometen el error de colocarse aparte de la gran corriente de la vida normal; así su obra es estéril o, por lo menos, desproporcionada en sus resultados al esfuerzo desplegado y a los sacrificios aceptados.

En cuarto lugar, se colocan los misterios de la antigüedad, cuyo objetivo esencial era la búsqueda de las verdades ocultas. Los adeptos eran instruidos, bajo el sello del secreto, en nociones que habría sido peligroso esparcir públicamente.

Bajo el quinto rubro se colocan las confraternidades formadas por los hombres que ejercen una misma profesión. La arquitectura dio lugar, a este respecto, a las primeras agrupaciones, como lo prueban los arquitectos dionisianos del Asia Menor, los colegas constructores romanos y los hermanos pontífices, especialmente encargados de la construcción de los puentes. La Edad Media generalizó la organización de los oficios, basando toda la vida municipal sobre el régimen corporativo.

Quedan por mencionar las asociaciones filantrópicas y las mutualidades que son muy antiguas. De esta manera los Romanos se fijaban cuotas para asegurarse, a su fallecimiento, el cumplimiento de los ritos funerarios, conformes con sus creencias[2].

La francmasonería moderna no se adhiere a una sola y única de estas categorías, porque ya no es posible hacerla entrar en la quinta, puesto que ha cesado de ser una corporación de artistas constructores. En ella se sintetizan tendencias múltiples, aunque por ciertos lados nuestra institución se relaciona a cada una de las categorías encaradas por los sociólogos.

Importa, sin embargo, establecer las distinciones necesarias, aunque no sea sino para caracterizar la confraternidad masónica.

## ¿Somos hechiceros?

Si hubiéramos de creer a nuestros adversarios, seríamos magos negros entregados a las más espantosas prácticas: sacrilegios, asesinato por hechizos, invocación del diablo, aquelarres, orgías, etc. Ninguna acusación nacida de una fantasía delirante nos ha sido perdonada: toda una literatura especial da fe de ello. Los primeros cristianos gozaron también de tan mala reputación, porque, como nosotros, se reunían a «cubierto» y el despecho de los profanos los lleva siempre a interpretar como malo lo que pasa al abrigo de

---

[2] Esta clasificación está tomada de Roscoe Ponnd, professor de Jurisprudencia en la Universidad de Harvard, cuya obra titulada *The Philosophy of Massonry* reproduce el texto de cinco conferencias dadas en Boston, en 1914, bajo los auspicios del Gran Maestro de Massachussets.

su indiscreción. Si fuéramos hechiceros, aún en el sentido menos malévolo de la palabra, deberíamos buscar la manera de desarrollar ciertas facultades llamadas «psíquicas». Nuestras logias serían escuelas de magia práctica, con clases de magnetismo humano, como lo soñaba Mesmer, o de videncia, según los procedimientos de Cagliostro, de Puységur o de los ocultistas contemporáneos.

En realidad, los francmasones no se interesan especialmente por el ocultismo, el que no estudian sino desde el punto de vista de llevar a todos los dominios sus investigaciones incesantes en busca de la verdad. Nunca se han presentado como taumaturgos y sus secretos no tienen nada de común con los del Grande o el Pequeño Alberto.

Pero, ¿no haremos magia inconsciente, bajo la influencia misteriosa de una potencia sobrenatural cuidadosamente oculta? Aquí entramos en los dominios de la fe ciega donde la razón pierde sus derechos.

Sin embargo, como el error no es nunca absoluto, conviene rebuscar el grano de verdad que puede disimularse bajo el hacinamiento de las peores extravagancias. Todo no es límpido en nuestros usos y somos muy capaces de entregarnos candorosamente a ritos sospechosos. Así es como los antiguos masones estaban lejos de sospechar que se entregaban bien y bonitamente a una operación mágica, procediendo a la transmutación instantánea de la más banal de las cámaras en un templo real, adecuado para la verificación de su culto.

Después de haberse puesto al abrigo de toda indiscreción profana, los adeptos del Arte Real ciertos ya de estar únicamente entre ellos, encargaban al H∴ Experto trazar, con tiza o carbón, un rectángulo en medio del pavimento. El espacio así delimitado se hacía inmediatamente sagrado, nadie debía poner ya ahí su pie. Para acentuar el alcance de este cuadrilátero reservado, que no se diferenciaba de los famosos círculos mágicos sino en su forma circular, se dibujaban en él símbolos significativos. Un pequeño triángulo equilátero, flanqueado de los signos del Sol y de la Luna, se trazaban a la cabeza del rectángulo reservado, al centro del cual estaba figurada una Estrella radiante que dominaba dos columnas marcadas J∴ y B∴. Concluido el trazado misterioso, los útiles de la masonería eran puestos en el interior del cuadrilongo, en el que la escuadra, compás, nivel, hilo a plomo, cincel, mallete, plana, tenían un sitio previsto. Durante estos preparativos, el H∴ Maestro de Ceremonias había arrimado a los bordes del rectángulo tres grandes candelabros que llevaban cirios que estaban reservados al Maestro y a los dos vigilantes encender sucesivamente. Cuando brillaba la luz del Oriente, el Maestro pronunciaba gravemente: «Sabiduría dirige nuestra construcción»; desde que el Occidente se iluminaba a su turno, el Primer Vigilante exclamaba con una voz firme: «Fuerza, anima nuestro trabajo»; en fin, cuando la tercera llama iluminaba el Mediodía, el Segundo Vigilante decía suavemente: «Belleza adorna nuestra obra». Después, una vez que cada uno había ocupado su puesto, el Maestro invocaba al Gran Arquitecto del Universo, antes de declarar abiertos los trabajos.

Desde el cristianismo, esta invocación no ha sido más que una simple plegaria, como se dice en las iglesias; pero como todo el ceremonial es francamente evocador, está fuera de duda que, primitivamente, los masones abrían sus trabajos por una evocación mágica que tenía por efecto conjurar al dios de los constructores, para constreñir a este espíritu a condensarse invisiblemente en medio de los que hacían llamado a su inspiración. Debían, entonces, figurarse al Gran Arquitecto del Universo como presente entre ellos. Supongamos ahora que semejantes ritos sean celebrados con convicción. De hecho la Logia improvisada, abierta en cualquier parte, toma un valor iniciático del cual no participan nuestros locales masónicos lujosamente preparados, decorados según las exigencias del sabio simbolismo, pero fríos, muertos, inanimados.

Es una magia que no deberíamos descuidar. No se trata de menudos juegos de manos, ni aún «psíquicos», porque el mandil masónico no está destinado a transformarse en bolsa de doble fondo. Nuestros misterios se relacionan con una magia superior, extraña a todos los vanos prestigios, y no realizaremos nuestra Grande Obra sino recuperando la Palabra Perdida.

Agreguemos que la Espada, inútil para los constructores, es un arma mágica, temible para los fantasmas, como lo muestra Homero en *La Odisea,* cuando canta a su héroe que evoca la sombra del divino Tiresias.

Sepamos manejar este acero y ninguna calumnia podrá alcanzarnos.

## Nuestras ceremonias

Cuando el público condesciende a no acusarnos de los más negros maleficios, se complace en presentarnos como niños grandes que se disfrazan para representar comedias de ritual. «Los francmasones se burlan de los sacerdotes, pero se entregan a monerías aún más ridículas». Tal es la sentencia de los espíritus que se dicen iluminados.

Toda crítica formulada de buena fe merece consideración. Es tan seria que numerosos francmasones se han sentido emocionados por ella. Avergonzados de un ceremonial que les parecía hueco, estos hermanos no han vacilado en romper con tradiciones que su solo arcaísmo ya no los hace suficientemente respetables a sus ojos. De ahí viene todo un movimiento anti-simbolista tendiente a modernizar racionalmente la francmasonería.

Estos reformadores aparecieron ante los tradicionalistas bajo el aspecto de malos Compañeros que dan por ignorancia el primer golpe al Maestro Hiram. Es verdad que la empresa tiende nada menos que a la transformación de la francmasonería en una honesta sociedad profana del tipo seis de la clasificación de los sociólogos. Los simbolistas tuvieron buen trabajo para demostrar que sin simbolismo, no hay ni iniciación, ni francmasonería.

Pero no abusemos de nada y desconfiemos de las cosas que, corrompiéndose, se vuelven peores. *Optimi Corruptio Pessima*. Toda nuestra enseñanza es simbólica; pero si los símbolos nada nos enseñan, si obligándonos a buscar su significado, ellos no nos ponen en el camino de los profundos misterios del pensamiento humano, entonces, no es preciso disimularlo, nuestra actitud se hace grotesca. ¡Qué pobre hombre es el masón que no ha comprendido nunca nada de las pruebas de su recepción y se complace en revestir sus insignias, muy convencido de que una llama de licopodio le ha dado realmente la luz y que es un irreprochable iniciado, puesto que sabe su catecismo y que está en regla con el tesoro de su Taller.

Sería cruel insistir, cuando toda sinceridad tiene derecho a ser respetada, y ninguna más que la del masón animado de sentimientos generosos. ¿Qué importa, después de todo, que él no haya sabido adivinar claramente, si su corazón bien puesto le hace obrar masónicamente?

Además, ningún rito es sin valor. Aún cumplido maquinalmente el acto ritual tiene su eficacia. Consideremos a un masón que se prepara para entrar a la Logia. Teniendo otras preocupaciones en la cabeza, se ciñe su mandil pensando en otra cosa; después toma automáticamente la actitud prescrita, ejecuta el signo y la marcha del grado para pararse finalmente entre las columnas. Aunque todo se haya hecho distraídamente, por hábito, el masón, sin que se dé cuenta de ello, ha sido ocultamente influenciado; así no se conducirá jamás en Logia como en una reunión pública.

Todo pasa como si cada uno de los actos sucesivos hubiera tenido su repercusión en el dominio misterioso del sentimiento. A falta del consciente, el mandil advierte al inconsciente que va a ser preciso no ser más el mismo hombre. La mano colocada sobre la garganta ha tenido la virtud de contener realmente las pasiones dentro del pecho a fin de que el signo de la escuadra pueda afirmar sin mentira: «Mi cerebro está calmado y yo juzgaré aquí imparcialmente, con la rígida equidad que me impone mi carácter de masón». Sería preciso ser psicólogo muy mediocre para abrumar de desdén prácticas que no tienen de pueril sino engañosas apariencias.

Seamos, pues, prudentes respecto a las formas tradicionales. Mientras menos se discierna su alcance, más deben respetarse, porque el crédulo que les da crédito puede resultar más sabio que el espíritu fuerte que se apresura demasiado a desacreditarlas.

Sin duda, el impenetrable pasado nos hace sufrir así una dominación irritante. Pero, ¿para qué rebelarnos cuando se trata de un enigma que resolver? Estudiemos, procuremos comprender y reservemos nuestro juicio. La impaciencia es excusable en un Aprendiz; pero el Maestro no debe pronunciarse sino con pleno conocimiento de causa.

¿Soportando creencias y misterios, la francmasonería, no será al fin de cuentas, una Iglesia como otra determinada? Como alguna otra, no; como ninguna otra, sí. La diferencia capital se encuentra en el carácter puramente humano de la francmasonería que no se glorifica de detentar una verdad revelada divinamente, sino que invita a sus adeptos a desprenderse del error por sus propios esfuerzos, para orientarse por sí mismos hacia la luz del espíritu a que aspiran las inteligencias. Hay, no obstante, similitudes. *Ecclesia*, en griego, significa Asamblea; no se podría negar que el conjunto de los francmasones forma «iglesia» en el sentido etimológico de la palabra. Se puede lo mismo hablar de iglesia en el sentido corriente del término, porque no hemos escapado de los cismas, puesto que en el seno de la masonería Universal, organizaciones eclesiásticas, llamadas «Grandes logias» han cesado de reconocerse entre sí y se excomulgan lo más eclesiásticamente del mundo.

Compartimos, por otra parte, la suerte de las religiones en el sentido de que nuestra Institución no realiza sino muy imperfectamente su ideal. Hay distancia entre el cuerpo masónico, tal como funciona, y el Masonismo puro. La distancia es verosímilmente equivalente a la que separa las iglesias cristianas del cristianismo soñado.

Falta saber si la francmasonería es, si o no, una religión. ¿Cesaría de serlo porque los altares de sus templos están consagrados al culto de la Libertad, de la Igualdad y de la Fraternidad? Tengamos el valor de designarnos religiosos y de confirmarnos apóstoles de una religión más santa que todas las otras. Propaguemos la Religión de la República, que formará el corazón de los ciudadanos y cultivará las virtudes republicanas. Pero no pensemos en un culto oficial, en una religión del Estado; porque, asimilándonos todas las enseñanzas de la masonería o, más exactamente, del masonismo, estamos llamados a ejercer, cada uno en nuestra esfera, un sacerdocio independiente que no mira sino a la emancipación de los espíritus.

No hay para qué decir que la masonería no se pondrá jamás al servicio de un gobierno, cualquiera que sea. Una organización masónica que se convierte en el instrumento del poder, no tiene ya, en efecto, derecho al título de masonería Libre. Eso no impide a las pseudomasonerías más escandalosamente apegadas al trono y al altar, denunciar como «irregulares» a las masonerías democráticas, culpables de haber contribuido a la emancipación de los pueblos, dejándose arrastrar transitoriamente en conflictos políticos.

## El monacato

Proteger a una mujer, hacerla madre y ayudarla a educar a sus hijos, tal ha sido siempre la misión del macho. Sustraerse voluntariamente de ella, sin excusa válida, es una cobardía, por no decir un sacrilegio contra la naturaleza y la humanidad.

Sin embargo, el celibato no es vituperable cuando las circunstancias lo imponen y cuando, lejos de ser buscado, es soportado como una ineludible calamidad. Las asociaciones de celibatarios no tendrían, pues, en principio, nada de reprensible, si, en su jactancia no pregonasen la pretensión de haber escogido la mejor parte. A cualquiera religión que pertenezca el místico cae en un grosero error cuando, bajo pretexto de santificarse, rehúye deliberadamente las cargas y las responsabilidades de la paternidad. Para consagrarse a Dios debía fijarse una edad canónica.

Mas, sigamos. Siendo sanamente laicos, los Hijos de la Viuda ven en la Naturaleza su madre y le obedecen dócilmente. No son ellos los que, temiendo la contaminación de un mundo corrompido, se apartan de él por el interés de su pureza moral. Como fermentos transformadores, comparten con ellos todas las miserias de sus conciudadanos a quienes aspiran a moralizar con su ejemplo. Semejante tarea no podría terminarse sin un potente socorro de energía psíquica. Los francmasones lo sienten, y, si en medio de los combates que tienen que sostener, su firmeza no se desmiente jamás, es porque saben de dónde sacar la fuerza moral de que tienen necesidad. Su Logia es un asilo de calma y de serenidad, donde la agitación de afuera no tiene ninguna repercusión. Los hermanos ponen ahí en común sus aspiraciones generosas y su inquebrantable voluntad de realizar el mayor bien en el mayor número. Así se constituye un hogar de ideal y actividad benéfica: el adepto se retempla ahí periódicamente, y ahí está el gran secreto de su potencia, de acción regeneradora.

Indudablemente nada debería, a este respecto, presentar más analogía con una Logia que un monasterio. En realidad el espíritu que anima a los religiosos tiende a esterilizar sus empresas. Con medios incomparablemente superiores a los de los francmasones, ¿a qué fines han llegado? Preocupados de su propia salvación y de la prosperidad de su orden, no saben consagrarse, como artistas desinteresados, a la Gran Obra del perfeccionamiento del mundo. Pequeñas ambiciones místicas, el deseo de asegurarse su eternidad, les impide trabajar, sin codiciosa segunda intención, en realizar el plan del Gran Arquitecto del Universo.

Hay más de verdadera religión en el corazón del masón, pretendido ateo, que en el cerebro del asceta que se macera especulando sobre las delicias de la vida futura.

No es menos cierto que los conventos han prestado servicios. Cuando la antorcha de la civilización greco-romana amenazaba extinguirse, monjes sabios salvaron de la destrucción los manuscritos antiguos. Los benedictinos prepararon también el Renacimiento. Grandes edificadores, ellos han debido contribuir ampliamente, por otra parte, a la instrucción técnica y simbólica de las cofradías arquitectónicas, de donde deriva directamente la organización de los francmasones de la Edad Media.

Éstos habrían podido obtener también algunos secretos de los Templarios; pero nada en el simbolismo masónico antiguo y auténtico, revela esta procedencia. No es preciso, pues, tomar en cuenta la leyenda que hace de Jacques de Molay el fundador de la francmasonería. Ésa no es sino una novela sin sombra de base histórica, editada hacia mediados del siglo XVIII por inventores de nuevos grados pretendidos masónicos.

Una última palabra sobre los monjes, cuyo edificio ocupa la Gran Logia de Francia en París, calle Puteaux N° 8. Éstos eran franciscanos de la devoción de San Antonio de Padua, que tiene por especialidad hacer aparecer los objetos perdidos. Estos RR. PP., tuvieron la ingeniosa idea de llamar al público a beneficiarse con sus buenos oficios. Instalaron en todas las iglesias un buzón para cartas y una alcancía, para recibir, el primero las peticiones escritas solicitando una gracia, y la otra las ofrendas consagradas a la obra particular del pan de San Antonio. Centralizadas en la calle Puteaux, las peticiones eran leídas en público cada semana, a fin de que los fieles pudiesen acordarles el apoyo de sus plegarias. Pero los monjes contaban sobre todo con sus propias encantaciones: en el silencio de la noche se reunían en un oratorio especial para conjurar a San Antonio para satisfacer a su clientela.

Ayudados por su fervor, se producía, Dios sabe qué telepatía. El hecho es que todos los objetos perdidos fueron encontrados, si no en su totalidad, al menos en cantidad suficiente para motivar los ex-votos que poco a poco tapizaron de mármol todas las partes del santuario de San Antonio.

En pleno París escéptico de fines del siglo XIX, la industria religiosa de los Franciscanos obtuvo todo éxito; ganaron con qué pagar el inmueble que habían hecho edificar y, subviviendo a las expensas de su comunidad, pudieron alimentar diariamente a numerosos pobres, beneficiarios del pan de San Antonio.

¿Qué deducir de estos hechos? Desde luego que el Arte sacerdotal, hábil en sacar partido de las creencias y de ciertas influencias psíquicas todavía mal definidas, continúa siendo practicado magistralmente. En seguida, que todo está lejos de ser dilucidado, porque el éxito de la empresa de los franciscanos establece un problema de metapsicología que corresponde a los iniciados tomar muy sinceramente en consideración.

## Los misterios

El espíritu Filosófico de las iniciaciones greco-romanas se ha reencarnado incontestablemente en la francmasonería moderna, al menos en la rama latina de la institución. Poco nos importa el prestigio exterior, la respetabilidad ante los ojos de los profanos, de la cual los Anglo-Sajones se muestran excesivamente celosos. Nuestras logias francesas, italianas o españolas no son clubs donde es de buen tono ser admitido. Sobre ellas pesan excomuniones que no son únicamente clericales, puesto que la santurronería masónica y hasta el sectarismo socialista los han anatematizado. Éstos son conventículos sospechosos, en que todos los rangos sociales se codean en una promiscuidad en la cual se ofusca el gentleman puntilloso. En esos antros reina, si, una cierta disciplina libremente aceptada, pero ahí no se respeta nada o poco menos, fuera de las opiniones que cada uno tiene el derecho de expresar con toda independencia. Todo se discute, pues, en Logia. Las ideas más contradictorias chocan ahí pacíficamente, ante una asistencia que gusta del deporte intelectual en que los campeones fraternizan cordialmente después de haberse combatido con vehemencia en la arena de la libre investigación de la Verdad.

Las cosas no han debido pasar exactamente así en Eleusis, en Samotracia o en los santuarios iniciáticos consagrados a Apis, a Isis o a Mitra. Los iniciados modernos rehúsan limitar el campo de sus investigaciones. Siempre en guardia contra el error, que anhelan descubrir, llevan sus razonamientos al extremo, con un atrevimiento sin reservas. Muchos menos audaces, sus predecesores de la antigüedad clásica se contentaban con interpretar filosóficamente las alegorías mitológicas, las que ponían sobre la vía de una cosmogonía racional, permitiéndoles reconocerse en medio de la diversidad de los panteones. Comprendiendo a qué corresponden los dioses, los fusionaban de una mitología a la otra para propender a una doctrina filosóficoreligiosa más y más universal. Tenían, por otra parte, ideas particulares sobre el destino humano, sobre el nacimiento, la vida y la muerte que no creían definitiva.

Una absoluta discreción les era impuesta, pues los profanos no debían ser perturbados con teorías superiores a su comprensión. Pero, entre ellos, los iniciados tenían toda amplitud para iluminarse mutuamente. Lo hicieron al acaso de los encuentros o agrupamientos amistosos espontáneos, pero nuestros verbosos talleres no parecen haber tenido igual en la época de las iniciaciones paganas.

Éstos tuvieron muy rápidamente una suerte fácil de prever. La pompa, el ceremonial se sobrepusieron y el espíritu se escapó para acompañar a los filósofos cuyas escuelas se multiplicaron.

Cuando apareció el cristianismo era costumbre hacerse iniciar, un poco así como se hace recibir francmasón, templario u *Old Fellow* en los Estados Unidos. Estaba de moda y no obligaba a gran cosa. Al recibir el bautismo, los iniciados en los múltiples misterios enriquecieron al cristianismo naciente con numerosas costumbres iniciáticas, principiando por el signo de la cruz que permitía a los cristianos reconocerse entre ellos.

## Las Iniciaciones profesionales

Si, adaptada al ingenio moderno, la intelectualidad de los antiguos Misterios revivió en la francmasonería, ésta debe sus tradiciones inmediatas a una confraternidad constructiva de la Edad Media. En esta época, la talla de las piedras fue llevada hasta el refinamiento, gracias a un estudio profundizado de la esteorometría práctica. Sabios cálculos presidieron, por otra parte, a la agrupación de los materiales, cuya masa debía ser sistemáticamente reducida al mínimum, sin perjuicio para la solidez del edificio. Pero gravitando en torno de la geometría, su ciencia maestra, el saber de los maestros de obra fue de lo más extenso. Les estaba aún recomendado si es preciso creer a un antiguo manuscrito inglés[3], instruirse de *omni re: sciibili et quibusdam aliis*, según la fórmula de Pico de la Mirandola.

En todo caso, la astronomía les era indispensable, cuando más no fuese sino para orientar exactamente en el terreno los ejes del edificio por construir. El ritual agrega, por otra parte, tal importancia a las horas supuestas de apertura y clausura de los trabajos, que es inadmisible que la primera piedra de un edificio haya podido ser colocada a una hora no reconocida como propicia por la astrología.

Los zodíacos y otros símbolos de las catedrales atestiguan preocupaciones astrológicas de los constructores, cuya ciencia del simbolismo debía extenderse, además, al hermetismo y a la Alquimia. El texto ya citado, cuyo estilo y ortografía cuadran con el siglo XV, se expresa a este respecto como sigue:

> Los masones ocultan el arte de alcanzar maravillas y de predecir las cosas futuras, a fin de que los mal intencionados no puedan abusar de él. Asimismo se callan sobre el arte de las transmutaciones y sobre los métodos que conducen a la facultad de la Abrac (Kábala, Magia, Preparación de los Talismanes), pero su gran secreto enseña a hacerse bueno y perfecto, sin temer ni esperar nada. Poseen, en fin, un lenguaje universal que les es propio.

Se puede lamentar, con Locke, que el conjunto de la humanidad no goce del gran secreto de los masones, que reside en una concepción particular de la vida a la que se le considera una. Ella anima toda la creación cuya obra, lejos

---

[3] Se trata del interrogatorio supuesto de un masón por el Rey Enrique VI, texto del que el filósofo John Locke habría dejado copia.

de haberse detenido el sexto día bíblico, se prosigue indefinidamente. Es el objeto de la actividad constante del Grande Arquitecto del Universo, de la cual todos los seres son los obreros conscientes o inconscientes.

Lo que distingue a los masones es que colaboran en la Gran Obra con pleno conocimiento de causa, porque han sido iniciados en el plano de la inteligencia constructiva del mundo y quieren trabajar bien. Su entusiasmo por la grandeza y la belleza de la obra los lleva aún por encima de toda preocupación de salario, pues trabajan por amor al arte, inaccesibles al temor de un castigo como a la esperanza de una recompensa.

No siendo asalariados se elevan al rango de asociados del Patrón: trabajan por su cuenta y alcanzan así a la Maestría, que equivale a una divinización o a una apoteosis. El lenguaje universal reservado a los masones fluye de la clarividencia adquirida en la interpretación de las alegorías y de los símbolos.

Aprendices y Compañeros se ejercitan en deletrear y descifrar más o menos penosamente las palabras sagradas, mientras los Maestros, que han transmontado las dificultades del extremo, poseen la clave de todos los simbolismos.

Para hacerse accesible al vulgo, el pensamiento demasiado sutil se reviste de imágenes groseras, ante las cuales se detiene el común de las inteligencias, mientras que el iniciado se aficiona a discernir lo que lo hablado quiere decir, guardándose de tomar al pie de la letra las fábulas, los mitos, el dogmatismo de las religiones o la terminología figurada de las antiguas escuelas filosóficas; el pensador verdadero se remonta hasta las nociones generadores, madres del saber humano[4].

Se inicia también en el secreto del pensamiento rebelde a toda expresión y penetra el alcance de todas las tradiciones misteriosas, llegadas hasta nosotros bajo la forma de leyendas desconcertantes, de poemas que cantan a héroes inverosímiles, de obras de arte enigmáticas o de síntesis filosófico-científicas extravagantes a primera vista. El verdadero iniciado no se emociona con nada, no se espanta de ninguna apariencia y sondea con sagacidad los más turbadores misterios, persuadido de que importa ponerlo todo en claro, porque el polvo de oro de la verdad exige se le aísle laboriosamente del barro de las edades y de los escombros del pasado.

Es de observar que los antiguos masones honraban a Pitágoras como el iniciado que ha contribuido más a hacer esparcir en Occidente la luz del Oriente. Nada más característico a este respecto que el texto del manuscrito ya citado, en que el nombre del filósofo se encuentra cándidamente inglesado.

Peter Gower, un griego, se ha dicho, viajó para instruirse, por Egipto, Siria y por todos los países donde los Venecianos (léase Fenicios) habían implantado la masonería. Admitido en todas las logias de los masones, adquirió una vasta sabiduría, después volvió a la Gran Grecia donde trabajó, aumentando sus conocimientos, tanto que llegó a ser un sabio poderoso, de una fama muy extendida. Fundó

---

[5] Goethe, en su segundo *Fausto*, representa a esas Madres como divinidades temibles, a las que el iniciado no puede aproximarse sino sumergiéndose en las máximas profundidades, o bien elevándose a las más sublimes alturas, lo que viene a ser lo mismo, si hemos de creer a Mefistófeles.

en esta región una Logia considerable, en Groton (Crotona), donde hizo muchos masones. Entre ellos algunos vinieron a Francia, donde hicieron, a su vez, numerosos masones, gracias a los cuales, a continuación, el Arte pasó a Inglaterra.

No veamos en estas líneas sino un homenaje rendido a las doctrinas pitagóricas, sacadas de especulaciones sobre las propiedades intrínsecas de los números e inspiradas por las sugestiones de las figuras geométricas. Esta filosofía numeral y simbólica guió a los masones en el trazado de sus planos y en la elección de las proporciones de cada detalle de sus edificios.

## La beneficencia

Como los miembros de otras corporaciones, los masones estaban obligados a socorrerse recíprocamente. Los Hijos del Arte constituían una gran familia y a este título se reconocían como hermanos.

Pero sus obligaciones estrictas no se extendían más allá del círculo de la profesión, cuyos «misterios» debían mantenerse tan celosamente secretos, a fin de que ningún profano pudiera apelar indebidamente a la solidaridad de los adeptos.

Cuando de operativa, la masonería se hizo definitivamente especulativa a principios del siglo XVIII, las antiguas obligaciones profesionales fueron extendidas considerablemente, puesto que la fraternidad masónica se hizo entonces universal, proclamándose el Francmasón hermano de todos los hombres, iniciados o no. En lo sucesivo, los masones no debían reunirse sin contribuir al alivio de las miserias humanas: la clausura de sus trabajos impuso la circulación obligatoria del tronco de beneficencia. Como «la caridad bien entendida principia por casa», la masonería asegura ante todo la suerte de sus ancianos, de sus viudas y de sus huérfanos, gracias a instituciones especiales mantenidas a sus expensas. Pero en las ocasiones de calamidades públicas, la orden se muestra generosa. Su beneficencia material, amplia y continua, excusa la puerilidad de las pompas rituales de ciertas masonerías demasiado olvidadizas al lado intelectual de la institución.

Pero es menos importante para las logias acumular recursos financieros que ser ricas desde otros puntos de vista. La caridad masónica sabe que «no sólo de pan vive el hombre». Así se preocupa de sus necesidades morales e intelectuales.

En cuanto a centro moralizador, todo taller masónico ejerce una acción muy eficaz, por lo menos sobre sus propios miembros. En efecto, nada es más precioso para el francmasón que la estimación de sus hermanos. Por su conducta y su actitud, debe, pues, esmerarse en todas las cosas para hacer honor a la colectividad que ha consentido en admitirlo en su seno.

Para mostrarse dignos de la francmasonería, los masones no vacilan cuando las circunstancias los invitan a hacer algo más que su deber normal. Numerosos son los adeptos convencidos de que lo han sacrificado todo para dar el ejemplo de una moralidad superior. Más de uno se ha acordado de las enseñanzas de su Logia en el momento de tomar una resolución suprema que debía costarle la vida[5].

---

6 La Logia Trabajo y Verdaderos Amigos Fieles, conserva preciosamente una carta de su antiguo V∴ el H∴ Noel Salvadori, que expone los motivos que lo llevaron a poner a sus jefes militares, en el caso de

Pero el heroísmo no entra en la regla corriente de la vida, donde actos más bien insignificantes se suceden en un encadenamiento de andar automático. El hombre ordinario que no desea sino poder vivir, no pretende obrar ni mejor ni peor que todo el mundo; tampoco se perturba por ningún escrúpulo cuando su conveniencia le incita a cometer una de esas numerosas y pequeñas villanías excusadas por las necesidades de la lucha por la existencia. El masón no puede entregarse así no más, pues la masonería le retiene. Ella le recuerda que ya no tiene el derecho de vivir como profano, es decir, tan mal como un cualquiera. Está obligado a vivir mejor, combatiendo por todas partes el abuso y la corrupción, a fin de contribuir en toda la extensión de sus medios, a reformar la sociedad civil.

En el seno de ésta, el masón fiel a sus obligaciones se da a conocer, no por gestos convencionales, sino por la corrección ejemplar de todos sus actos. Beneficencia para él no se confunde con lo que se ha convenido en llamar Caridad. El abandono de algunos mendrugos superfluos, no cancela la deuda sagrada que el iniciado contrae hacia la humanidad. ¡Hacer bien importa todo un programa de vida. Vaciar su bolsa no es suficiente, cuando es preciso darse uno mismo, sin reservas y para siempre!

## Los grados de capacidad

El prestigio del número tres reside verosímilmente en el hecho de que se impone a toda organización.

---

confiarle el puesto peligroso en que se hizo matar a la cabeza de su compañía el 12 de octubre de 1916.

Una vez fecundado el óvulo, que se segmenta en células, no tarda en disponer éstas en tres películas, a las cuales se ligará el desenvolvimiento ulterior de todos los órganos del cuerpo. La sociología constata, por su cuenta, una tendencia natural de los hombres en constituir tres grupos primitivos, los mozos, los hombres mayores y los viejos. Este ternario reaparece en seguida en todas las instituciones humanas que implican una iniciación bajo cualquier forma que sea. En todas partes, el iniciable se distingue del iniciado, como éste del iniciador; de ahí las jerarquías de Aprendiz, Compañero y Maestro; de Bachiller, Licenciado y Doctor; de Paje, Escudero y Caballero, etc.

El primer grado se confiere al candidato reconocido como apto para instruirse y desenvolverse para hacerse digno del segundo grado. A éste puede aspirar el obrero cuyo aprendizaje esté terminado tan bien que sepa trabajar y pueda, en lo sucesivo, ejercer convenientemente su oficio o profesión. El tercer grado, en fin, está reservado al artista que posee integralmente su arte después de haberse asimilado todos los secretos de éste, tanto de la práctica como de la teoría.

Por más hábil que sea el obrero, permanece Compañero mientras no haya comprendido todo lo que se refiere a su arte. No pasará a ser Maestro sino cuando sepa razonar la práctica, llegando a justificar racionalmente las reglas a las cuales todo artista está obligado a conformarse. Así esclarecido por sí mismo, el iluminado puede esparcir la luz y esto es enseñar, instruir e iniciar con fruto.

Pero la Maestría no está jamás completa; nadie podría alabarse de haberla alcanzado. El más experimentado de los Compañeros es escogido para dirigir los trabajos y formular la instrucción. Llamado así a llenar las funciones de

Maestro, lo hace muy bien, pero no se ilusiona por su carácter efectivo, porque ninguna elección, ninguna ceremonia iniciática, tiene el poder de hacer un Verdadero Maestro.

El ser superior que tiene derecho a este título, es de una extrema rareza entre los hombres, a tal punto que se puede dudar si existe en carne y hueso. Los Rosa-Cruces habían imaginado sabios muertos para todas las ambiciones y sustraídos por este hecho a los desfallecimientos del cuerpo, del alma y del espíritu. Iniciados en todos los secretos de la naturaleza, estos filósofos alcanzarían edades prodigiosas, por haber vivido siglos y por poseer un saber universal.

El conde de Saint Germain, en el siglo XVIII, se daba por uno de estos adeptos; pero sus pretensiones caen ante el principio según el cual un verdadero Maestro no trata jamás de deslumbrar a sus contemporáneos. En nuestros días, ciertos teósofos se esfuerzan por hacer creer en los Mahatmas (Grandes Espíritus) que vivirían en retiros inaccesibles de los Himalayas. Estos místicos poseerían poderes extraordinarios, en particular el de transportarse instantáneamente a cualquiera parte a través del espacio. La materia les está sometida y se transforma al agrado de su voluntad.

Tal vez los masones del siglo XVIII tendrían ideas más sanas cuando revelaron al barón de Hund la existencia de Superiores desconocidos. Desgraciadamente el fundador del régimen de la Estricta Observancia no supo penetrar el misterio y se tornó en el juguete de mistificadores. Goethe fue más perspicaz cuando después de haber participado, el 15 de noviembre de 1814 de una Tenida de Maestros particularmente solemne, compuso las estrofas tituladas «Simbolum».

Des Maurers WandelnUnd schwer und ferne
Es gleicht dem Leben,Hángt eine Hülle,
Und sein BestrebenMit Ehrfurcht, stille
Es gleicht dem HandelnRuhn oben die Sterne
Der Menschen auf Erden.Und unten die Gráber.

Die Zukunft decketBetrach't sie genauer
Schmerzen un GlückeUnd siehe, so melden
Schrittweis dem Blicke;Im Busen der Kelden
Doch ungeschrecketSich wandelnde Schauer
Dringen wir vorwárts.Und ernste Gefühle.

Doch rufen von drüben
Die Stimrnen der Geister
Die Stimrnen der Meister:
Versáumt nicht zu üben
Die Qráfte des Guten.

El poeta reconoce en los viajes del masón la imagen de la vida humana, con sus aspiraciones y sus luchas. El porvenir nos oculta las pruebas que nos esperan, pero vamos hacia ellas con resolución, sin vacilaciones ni terror. Un telón impresionante intercepta, sin embargo, nuestra vida, mientras que en un silencio respetuoso, brillan en lo alto las estrellas y reposan abajo las tumbas. Pero estemos atentos porque en el corazón de los valientes alternarán los estremecimientos de miedo y los sentimientos graves. Del más allá la voz de los espíritus, la de los Maestros, los exhorta a no descuidar nada en la aplicación de las fuerzas del bien.

## Los masones se agitan. Hiram los conduce

Esforcémonos ahora en sorprender en la obra a los Maestros enigmáticos de la francmasonería.

En el siglo XVII, las antiguas confraternidades constructoras habían perdido su razón de ser. Al desenvolverse el Estado moderno, de más en más centralizado, hizo superfluas las organizaciones de la necesidad de protección mutua de los individuos. Habiéndose relajado la disciplina de los oficios, las corporaciones envejecidas no perpetuaban otra cosa que los abusos de los gremios y de las maestrías, sobre las cuales la Revolución francesa estaba llamada a hacer justicia.

En las Islas Británicas, donde las tradiciones son tenaces, el pasado no pudo resignarse a desaparecer. Los *Free-Masons* continuaban allí reuniéndose misteriosamente para cumplir con ritos desconocidos del público. Su asociación se decía muy antigua y pretendía poseer secretos que se remontaban al sabio rey Salomón. Se sabía que un juramento terrible sujetaba a los afiliados a una discreción absoluta y que ellos debían prestarse mutua asistencia, aunque fuese con peligro de su vida.

El silencio de los iniciados picó la curiosidad de numerosos gentleman, que consintieron en hacerse miembros honorarios de la confraternidad en la esperanza de beneficiarse con extraordinarias revelaciones. Tal fue, al menos el caso de Elías Ashmole, el sabio arqueólogo que se hizo recibir *Free Mason* en Washington, el 16 de octubre de 1646.

Pero es de suponer que este hombre distinguido por sus extensos conocimientos se encontró decepcionado de lo poco que pudieron enseñarle sus iniciadores, porque no reapareció en Logia sino treinta y cinco años más tarde, en Londres, donde se le había rogado prestar su concurso en la recepción de seis gentleman.

Contrariamente a la tesis sostenida por autores mal informados, Ashmole no debe, pues, ser considerado como el fundador de la francmasonería moderna. Este hermetista estimó que los *Free Masons* se entregaban a juegos infantiles y no se dio ni el trabajo de estudiar sus tradiciones y sus ceremonias. Juzgando, sin duda, lastimosas las leyendas corporativas sobre la transmisión de los secretos del arte de edificar, debió reírse de los «misterios» que consisten en signos de reconocimiento y otras sutilezas convencionales.

Apresurémonos a decir que el sabio se equivocó: creyendo saber no supo prestar la atención requerida, y adivinar así lo que se ocultaba de raro y de fecundo bajo la humildad de las apariencias.

Los cándidos artesanos, que de muy buena fe se aseguraban depositarios de una tradición preciosa, no engañaban a su clientela de gentes de calidad. Los «misterios» eran reales, pero no al alcance de cualquiera, por más iluminado, de todas las luces científicas de su tiempo que fuera.

Hiram no pedía entonces a sus adeptos sino que cumplieran fielmente los ritos tradicionales. Su misión era modesta: guardianes de un fuego sagrado, destinado a no extinguirse, les incumbía mantener una brasa ardiente bajo la ceniza de su ignorancia. Con una piedad conmovedora, observaban religiosamente usos cuyo alcance estaban lejos de sospechar. Considerándolos como inmutables, se dedicaban escrupulosamente a no descuidar ningún detalle de todas las formalidades prescritas que tenían ante sus ojos un valor sacramental. Ellos atribuían así una importancia capital a sus ceremonias secretas y estaban persuadidos de que la omisión del más fútil detalle de ritual tachaba de nulidad una iniciación. Si la falta era constatada, fuerza era recomenzar la recepción entera, operando esta vez según todas las reglas.

Estas minucias supersticiosas debían ofuscar a las inteligencias cultivadas, ávidas de teorías, de sistemas y de disertaciones sabias. Intrigados por el secreto de la piedra filosofal, o por otros enigmas análogos, estos aficionados de la sabiduría desdeñaban desbastar modestamente la Piedra Bruta; de esta manera cruzaron la antigua masonería sin sacar provecho de ella.

Entre los masones libres y aceptados, extraños a la práctica del arte de edificar, se encontraron no obstante espíritus perspicaces, para quienes los símbolos no eran enteramente letra muerta. Atraídos por la fe visiblemente sincera de sucesores inhábiles de los gloriosos artistas de la Edad Media, se unieron a la masonería, resueltos a sondear infatigablemente sus misterios.

Desde entonces, Hiram tuvo discípulos intelectuales, cuyas disposiciones pudo cultivar, animando a sus piadosos servidores a persistir en su saludable conservantismo.

En el número de éstos se cuentan los cándidos *Free Masons* londinenses de 1717, que estaban obcecados por una sola idea: no dejar en peligro de desaparecer su antigua y venerable confraternidad. ¡Ay!, los tiempos eran duros. Se hacía difícil aún en Londres reunirse anualmente en número conveniente para celebrar con aparato la fiesta obligatoria de la Orden. De más en más desiertas, las logias corrían riego de no ser bien pronto más que un recuerdo del pasado. En este caso extremo, cuatro logias moribundas agruparon sus efectivos, a fin de resistir, costara lo que costara, a la disolución definitiva.

De la resolución enérgica tomada en común, nació entonces la francmasonería moderna, débil y miserable niño comparable al que la leyenda hace nacer en Belén entre un buey y un asno. Transportados al albergue que reemplaza al establo, estos animales simbolizaban la testarudez de vivir y la falta de instrucción iniciática. ¡Qué importa, si el Verbo masónico no manifestado todavía, se encarnaba en un organismo vigoroso, que le permitía conquistar el mundo y regenerarlo a su debido tiempo!

## El masonismo

La masonería moderna no debía ser una Minerva que surgía armada del cerebro de un Júpiter ideólogo. Su programa no fue concebido anticipadamente por un fundador que pretendiera sacar provecho de la antigua masonería para adaptarla a grandiosos destinos. En 1717 ningún astrólogo genial supo prever la altura, a la cual debía encumbrarse la institución naciente. Ésta, desde luego, no se preocupó sino de asegurar su existencia. Quería hacer buena figura y se puso a la busca de adherentes susceptibles de realzar su prestigio.

Hombres instruidos, pensadores, vinieron así a la francmasonería, que desde 1723 pudo presentarse ante el mundo con principios nuevos, que ninguna asociación humana había sabido formular con la misma precisión.

Se trataba de enseñar a los hombres a colocarse por encima de todo lo que los divide, para llevarlos a practicar entre ellos la verdadera fraternidad universal. La iniciación de los constructores se hizo el tema de esta enseñanza, porque fue entendido que el Templo por edificar por los francmasones representa la Sociedad humana ideal, hecha perfecta gracias al perfeccionamiento intelectual y moral de los Individuos. La francmasonería no pretendía realizar sobrenaturalmente la Edad de Oro o el Reino de Dios sobre la tierra; afirmaba, al contrario, que los hombres no deben contar sino con sí mismos, puesto que ellos son las Piedras que han de tallarse para adaptarse al edificio viviente que se construye bajo la dirección del Gran Arquitecto del Universo.

El Maestro constructor supremo, en el cual los masones se complacen en reconocer al Dios de sus diferentes religiones, se distingue en realidad de todas las entidades teológicas. La ontología y la metafísica no significan nada en la génesis de un símbolo que deriva lógicamente de la concepción misma del simbolismo masónico.

Éste representa al masón como a un obrero que trabaja en la realización de un plan inmenso, muy demasiado extenso, para que la inteligencia humana pueda asimilárselo. El progreso se efectúa, en efecto, fuera de nuestra comprensión y de nuestra voluntad, como si fuese concebido y deseado por una potencia superior a la nuestra. Esta potencia desconocida coordina los esfuerzos difusos y estimula las energías a fin de hacerlas concurrir a la Gran Obra de la Construcción Universal.

Los masones se ponen conscientemente a su servicio; se inician para comprender mejor su tarea y encontrarse así en estado de trabajar más útilmente, Pero, si no tuvieran conciencia de estar en las tinieblas, ¿a qué fin buscarían la luz? Es preciso que sientan su inferioridad ante el Maestro para someterse a su escuela y apelar a su inspiración.

Los Maestros saben lo que nosotros ignoramos; es preciso no confundirlos con los «Contra-Maestros» escogidos a falta de ellos para instruir a los Aprendices y dirigir los Compañeros. Como el ritual nos lo da a entender, los Verdaderos Maestros se sientan invisibles en una radiante claridad, detrás del espeso telón que los separa de los obreros abandonados a sí mismos en la noche y el luto.

El abandono, sin embargo, es más aparente que real, porque el deseo de obrar bien atrae la ayuda misteriosa a la cual tenemos derecho. Seamos valientes y la voz de los Maestros resonará en nosotros. Pero, ¿quiénes son estos guías instructores, estos desconocidos? La masonería encara el problema sin resolverlo, como para incitar a sus adeptos a penetrar el misterio en que se envuelve el último arcano de toda iniciación.

## La Luz masónica

Si queremos aproximarnos al gran secreto, démonos cuenta que en último análisis todo no es sino vibración. Luz, calor, sonido, electricidad, magnetismo, todo se resuelve en ondas de mayor o menor amplitud; lo mismo sucede en el dominio más sutil del pensamiento, de la voluntad, de la imaginación y de la vida. Nada se pierde, nada se destruye, todo se vuelve a encontrar.

Estos principios, confirmados por la ciencia moderna en toda la extensión de sus constataciones, no nos interesan aquí sino en cuanto se aplican al pensamiento humano. Por sí mismo, y sin que se exprese de otro modo, éste se propaga, al decir de los iniciados, según el modo vibratorio que le es propio.

Una objetividad, independiente del cerebro y de su funcionamiento, correspondería, pues, a la luz intelectual, cuya conquista se persigue a través de toda la iniciación masónica. Lejos de ser el generador de esta luz, nuestro órgano pensante no es sino una especie de lámpara incandescente, que se ilumina desde que pasa la corriente necesaria. Se puede compararla también a un resonador que vibra bajo la acción de ondas particulares. Y tal es así, que el pensamiento no se le puede rebajar a una secreción elaborada pura y simplemente por algunas de nuestras células nerviosas cuyo papel es revelar el pensamiento, de hacérnoslo sensible; pero no de crearlo. Como en todas partes, la función es aquí la creadora del órgano. Nuestros lóbulos cerebrales no se han desenvuelto sino bajo la influencia de un dinamismo-pensamiento preexistente, que trataba de manifestarse en nosotros.

En otros términos, nuestra evolución, la del mundo y la de todos los seres, entra en el programa de la Grande Iniciación progresiva, cuyo Iniciador eterno toma el nombre de Logos en la doctrina platónica. Esta palabra griega que significa Palabra, Razón, Verbo, se refiere en realidad a la Luz intelectual increada, anterior a todas las cosas. No olvidemos a este respecto, que el juramento masónico se prestaba en otro tiempo sobre el evangelio de San Juan, que principia como sigue:

Al principio era el Verbo, y el Verbo estaba con Dios; y el Verbo era Dios.

Él estaba al principio con Dios.

Todas las cosas han sido hechas por él; nada de lo que ha sido hecho, se ha hecho sin él.

En él estaba la vida, y la vida era la luz de los hombres.

Y la luz lució en las tinieblas; pero las tinieblas no la comprendieron.

La naturaleza de este texto es para hacer reflexionar a los Iniciados.

Diviniza a la Inteligencia, la que, aclarando gradualmente el caos, se comunica a los seres bajo forma de instinto primero, después de conciencia y de comprensión de más en más completa. La vida universal tiene el sentido de un inmenso trabajo constructivo, que no podría ejecutarse ciegamente. Si hay organización progresiva, y por tanto, coordinación, es que el discernimiento interviene, pero todos los constructores no están igualmente iluminados. Los hay que obedecen dócilmente a leyes de las cuales no tienen conciencia, mientras que otros han alcanzado un más o menos alto grado de iniciación, en la medida en que han sabido discernir el plan de la Grande Obra. Bajo este respecto, basta al Aprendiz estar firmemente decidido a instruirse en un arte del cual no posee todavía sino una vaga noción teórica. El Compañero se ejercita en la práctica, pero con vacilación, porque él tantea y se entrega a ensayos que no son todos felices. Para escapar a las incertidumbres del empirismo, es preciso que se eleve a la Maestría, a menos que se beneficie con la dirección de un Maestro plenamente iluminado.

Queda por penetrar el misterio de la Iluminación. Si ciertos hombres se muestran más clarividentes que otros y pueden así útilmente instruir y guiar a sus semejantes, ¿de dónde sacan la comprensión superior y la lucidez sorprendente de que dan prueba? Nadie duda que estudios perseverantes, una larga experiencia y profundas meditaciones los preparen para su papel; pero, a fin de cuentas, su superioridad se basa sobre el afinamiento de sus facultades pensantes. Se han hecho más sensibles a las vibraciones de la luz iniciática, y de ahí su iniciación en los misterios no revelados aún al común de las inteligencias.

Es preciso ahora hacer remontar al Logos de Platón, a su Grande Arquitecto o Demiurgos, la luz que ilumina progresivamente al Iniciado. Más modestamente podemos detenernos en el que los masones llaman su Maestro Hiram.

Pero, ¿cómo representarnos nosotros esta misteriosa entidad?

Lejos de ser un personaje, es una personificación. Pero, ¿de qué? Del Pensamiento Iniciático, de este conjunto de ideas que sobreviven, aun cuando ningún cerebro sea ya capaz de vibrar bajo su influencia. Lo que es precioso no muere y subsiste como en estado latente, hasta el día en que se ofrecen posibilidades de manifestarse. Entonces Hiram resucita en la persona de cada nuevo Maestro.

## La intervención de los Maestros

Las aspiraciones generosas, los sueños sublimes de hombres que han sufrido la imperfección de las condiciones humanas, se traducen en el ambiente psíquico, por una tensión persistente cuya influencia sienten los pensadores. Por encima de nuestras cabezas, en el azul de la idealidad, planea, como una nubada luminosa, el patrimonio intelectual y moral del género humano. Todo pensamiento que se eleva sobre la mezquindad de las preocupaciones egoístas tiende a ponerse en relación con esta fuente de iluminación. Ninguna idea genial sería, pues, puramente personal. Cuando pensamos procedemos a hacer evocaciones y no evocamos sino lo que preexiste.

En estas condiciones, los Maestros de nuestros pensamientos, nuestros Iniciadores, son de orden espiritual, pero los injuriaríamos, al caer en lo que a ellos toca, en algún misticismo grosero. Espíritu viviente del Masonismo, Hiram no es un vano fantasma: es una fuerza iluminadora y por este hecho dirigente. Le debemos todo lo que en masonería se oculta bajo el velo del anónimo, dado que ningún autor puede ser asignado a las obras más notables.

Entre éstas, nada es más digno de admiración que nuestros rituales de los tres primeros grados, tal como se nos presentan a fines del siglo XVIII o a principios del XIX. Pero, ¡cosa inconcebible!, nadie los ha redactado: se han redactado ellos mismos, por decirlo así, bajo las manos de los innumerables copistas que los transcribían, retocándolos sobre tal o cual punto, según su sentimiento y teniendo en cuenta el gusto reinante. ¿Cómo una obra maestra ha podido nacer de una colaboración tan casual? Porque, no es preciso disimulárselo, el ritual inglés primitivo está muy lejos de tener el valor iniciático de la incomparable síntesis, cuya coordinación realmente magistral se esfuerzan en hacer apreciar los libros del Aprendiz, del Compañero y del Maestro.

Veamos a este respecto cómo «inmutables» usos se han transformado insensiblemente.

Como lo establecen documentos auténticos de los siglos XVI y XVII, una sola ceremonia iniciática se practicaba entonces, sino en todas partes, por lo menos en Escocia, país al que se atribuyen, sin embargo, los treinta y tres grados del rito llamado «Escocés».

Se pretendía así, por el efecto de una recepción única «hacer masones» iniciados en los misterios corporativos y que gozaban de sus derechos de obreros. Las formalidades consistían en la preparación del candidato, despojado de sus metales y de una parte de sus vestimentas, que era en seguida introducido en Logia con los ojos vendados. Allí circulaba en las tinieblas para buscar la luz, que le era acordada después de algunas preguntas y respuestas sobre las que el neófito prestaba juramento doblando la rodilla derecha, desnuda y que tocaba el suelo en la abertura de una escuadra de hierro. Extendía al mismo tiempo la mano derecha sobre una Biblia abierta, mientras que con la izquierda apoyaba la punta de un compás sobre la región del corazón previamente descubierta. Una vez vuelto a levantar, el nuevo Hermano era instruido sumariamente en lo que debía saber. Con los ritos de apertura y clausura de los trabajos, esto es todo lo que, en esta materia, la masonería moderna mantiene de la masonería antigua.

Este ceremonial rudimentario fue desenvuelto en Inglaterra después de 1717. Se sacó desde luego el ritual del grado de Aprendiz; después el del grado de Compañero; pero los masones ingleses no supieron amplificarlos sino agregando frases floridas desprovistas de alcance iniciático. No sucedió lo mismo en Francia donde una recomposición profundizada del ritual debía imponerse por el solo hecho de que era intraducible. El texto inglés hormiguea, en efecto, de giros arcaicos que son una belleza en el original, pero se revuelven grotescos una vez vertidos literalmente a otra lengua. Aunque no fuese sino por esta razón, los franceses debieron esforzarse en adaptar el ritual a su propio carácter. Lo hicieron inspirándose en la idea como se hacían las iniciaciones antiguas.

Fue aquí donde hubo intervención de los Maestros, porque el ritual francés fue criticado con una competencia que no poseía ninguno de los talentos más brillantes de la época. Los reformadores masónicos del siglo XVIII desdeñaban, en efecto, la humildad de los grados obreros; además no pensaban sino en jerarquías caballerescas, que sobreponían dignidades de más en más pomposas. Ningún autor masónico ha sabido apreciar, entonces, el ternario fundamental, con relación al cual todos los grados pretendidos superiores se revelan con una lamentable inferioridad.

En realidad es propio del espíritu de la pura iniciación el que, punto por punto, inspiró a la cadena de los obscuros masones encargados de copiar sucesivamente los rituales para las logias nuevas. Cada uno creía hacer bien retocando un poco el texto, introduciéndole una pequeña variante juzgada más feliz o haciéndole una enmienda reconocida como de buen efecto. Importantísimas modificaciones prevalecieron así, a la larga.

Luego después, la recepción corporativa, cuyo formulismo no comportaba ni pruebas propiamente dichas, ni purificaciones, fue transformada en una Iniciación análoga a la de los Misterios greco-romanos.

A este efecto, se creyó deber purificar al postulante por los cuatro Elementos. La Cámara de postigos cerrados, donde se efectuaba la preparación del postulante, se transformó por consecuencia en cueva funeraria, tumba del futuro Iniciado, condenado a morir en el mundo profano a fin de renacer en una vida superior. Se figuraba así la clásica prueba de la Tierra, que se traducía por un descenso simbólico a los Infiernos y por la descomposición del grano de trigo, confiado piadosamente al surco para obedecer a Ceres. La redacción de un testamento, uso ignorado de los anglosajones, fue una feliz innovación, lo mismo que las inscripciones del Gabinete de Reflexiones y todo su acompañamiento (pan, cántaro de agua, cráneo, azufre y sal)[6].

En Logia, el candidato realiza, con los ojos vendados, tres viajes, en el curso de los cuales es purificado sucesivamente por el Aire, el Agua y el Fuego, como lo exigen las tradiciones iniciáticas, absolutamente concordantes, en este punto, porque se consideraba, en Eleusis, que el germen,

---

[6] Ver *El libro del Aprendiz Masón.*

después de haberse desenvuelto bajo tierra, surge hasta el aire, donde el agua caída del cielo provee a la planta de su savia alimentadora, en tanto que el fuego solar no la seque, antes de que acabe de madurar el grano nuevo.

El Hermetismo, por su parte, somete la materia de la Grande Obra primero a la putrefacción que mata al sujeto, que se vuelve negro como la cabeza de un cuervo; en seguida a la sublimación, que tiene por efecto liberar la parte volátil o aérea; después a la ablución, lavaje del cual resulta el color blanco, y, en fin, a la calcinación, para la cual el fuego se activa hasta la obtención del color rojo, signo de la terminación feliz de las primeras operaciones.

Como el segundo grado tiene sobre todo por objeto hacer comprender el primero, el Compañero debía ser llamado a viajar para su instrucción. La elección de los útiles que se ejercita sucesivamente en manejar es muy ingeniosa. El instinto iniciático de los autores de nuestros rituales no está ahí desmentido, como no lo está en los desenvolvimientos acerca de la Estrella radiante, la letra G y sobre la glorificación del Trabajo. Todas estas «fantasías» francesas entre las cuales no hay que olvidar el cáliz de la amargura, tienen la marca de un saber muy superior al que reinaba en las logias, aún en las más esclarecidas. ¿Es que sería el Diablo quien las dictó, o bien algún demonio pariente del de Sócrates?

## La leyenda de Hiram

Si estaba reservado a los masones franceses imprimir un carácter verdaderamente iniciático al ritual de los dos primeros grados, es a Inglaterra a quien corresponde el muy grande honor de haber concebido el maravilloso simbolismo de la Maestría. Pero el más impenetrable misterio se cierne sobre una génesis que constituye la desesperación de los historiadores más perspicaces y mejor documentados[7].

Dos hechos son incontestables: ninguno de los antiguos manuscritos masónicos hace alusión a la muerte trágica del arquitecto del Templo de Salomón; por otra parte, ninguna mención relativa al ceremonial de recepción del tercer grado es anterior a 1725.

Hacia esta época y según todas las apariencias, posteriormente a 1723, fecha de la publicación del Libro de las Constituciones, cuya primera edición ignora el Grado de Maestro, un desconocido compuso en todas sus partes la Leyenda dramática del asesinato de Hiram por tres malos Compañeros decididos a arrancarle fraudulentamente los secretos de la Maestría.

Si se piensa que, desde el punto de vista de la ciencia de los mitos y de los símbolos, esta dramatización es una pura Obra Maestra que no tiene semejante en este género, no habría duda en cuanto a la fuente de una inspiración tan luminosa. Los Maestros, los verdaderos, han querido dar a la masonería moderna su señal. ¿A quién han escogido como intérprete? Tal vez a cualquier histrión sin malicia de la «Philo Musicae et Architecturae Societas Apollini»[8] del cual habrán podido hacer su médium inconsciente.

---

[9] Véase Goblet d'Alvella, *Des Origine du Grade de Maitres dars le Franc-Masonerie*. Memoria premiada en el concurso del Gran Oriente de Bélgica, Bruselas, 1907.

[10] Esta sociedad de masones aficionados a la música ha dejado procesos verbales que van desde el 18 d3 febrero de 1725 hasta el 23 de marzo de 1927. Consta de ellos que tres grados distintos de iniciación fueron conferidos a los miembros de la asociación; pero la parte del Maestro ha podido reducirse a la comunicación de los misterios menudos (palabras de pase, etc.), sin dar lugar a la *mise en scéne* simbó-

Como quiera que sea, no es sino a partir de 1733 que las logias de Londres aprendieron a gemir ritualmente sobre la tumba del artista que vino de Tiro a ponerse al servicio del Rey Salomón. Pasado inapercibido hasta entonces este fundador, que nada designa como el arquitecto del Templo, se hizo súbitamente el héroe primordial de la francmasonería. Esta apoteosis inesperada escandalizó a los lectores de la Biblia, quienes protestaran, texto en mano, contra una invención descabellada, condenada por los versículos 13 y siguientes del Capítulo VII del primer libro de los Reyes, donde está dicho:

> Pues, el rey Salomón había hecho venir de Tiro a Hiram, hijo de una mujer viuda de la tribu de Nephtalí, el padre del cual era Tirio, que trabajaba en cobre, muy experto, inteligente y sabio para hacer toda clase de obras de bronce; vino, pues, hacia el Rey Salomón e hizo toda su obra.

Pero, como lo especifica en su curso la Santa Escritura, Hiram se limitó a los trabajos de metalurgia. Fundió las dos columnas del pórtico con sus capiteles, erigiendo una a mano derecha, que denominó Jakin, y la otra, a mano izquierda, denominándola Boaz. Hizo también la mar de función que soportaban doce bueyes de bronce. Hizo también diez pedestales *(soubassements)* de bronce montados cada uno sobre cuatro ruedas del mismo metal, los cuales llevaban diez coladoras de bronce, etc.

En el segundo Libro de las Crónicas, capítulo II, versículos 13 y 14, el rey Hiram de Tiro, escribiendo al rey Salomón, se expresa a su vez como sigue:

---

lica que hace resucitar a Hiram en la persona del nuevo Maestro. Este es el drama cuyo autor sería interesante descubrir; pero ningún documento nos pone sobre sus huellas.

Te envío, pues, ahora un hombre experto y hábil: Hiram Abif (literalmente Hiram, mi padre, título que demuestra la veneración del rey por el artista), hijo de una mujer descendiente de la tribu de Dan, y cuyo padre era Tirio; que sabe trabajar en oro, en plata, en bronce, en hierro, en piedras y en madera; en escarlata, en púrpura, en lino fino y en carmesí; y que sabe hacer toda suerte de grabados y dibujos, y todas las cosas que se le propongan, con los hombres hábiles que tú tienes, y los que has tenido de mi señor David, tu padre.

Nada justifica, pues, bíblicamente, la leyenda de nuestro tercer grado, puesto que Hiram no fue nunca llamado a dirigir la construcción del Templo y a mandar el inmenso ejército de obreros, repartidos en Aprendices, Compañeros y Maestros. Es en el siglo XVIII y por las necesidades de un simbolismo iniciático, de un alcance muy alto, cuando el personaje bíblico fue promovido arquitecto y rival, en sabiduría práctica, del rey Salomón, cuya sagacidad brilla sobre todo cuando se trata de resolver los enigmas propuestos por la reina de Saba[9].

---

9 Esta reina no tiene ningún papel en la leyenda masónica. Desempeña, por el contrario, un rol importante en el relato romántico contado por Gerardo de Nerval en su viaje por Oriente. Hiram aparece ahí como el rival de Salomón, y personifica el espíritu democrático llamado a triunfar sobre la reyecía. Esto es de un simbolismo traído al nivel de la política y complicado por elegancias de estilo poéticas que no dan lugar a ninguna interpretación iniciática. La literatura fue, por lo demás, la única preocupación del autor, cuya fraseología pomposa ha seducido a los redactores del rito escocés.

# EL RITUALISMO DEL GRADO DE MAESTRO

## La retrogradación

Cuando el Compañero ha sido juzgado digno de la suprema Iniciación, es conducido a la entrada de un lugar tenebroso en donde es invitado a meterse gradualmente, pero volviendo las espaldas a la oscuridad, la que, haciéndose más y más espesa, envuelve finalmente en una negrura absoluta al temerario adepto, ávido, sin embargo, de luz integral.

Como todo lo que se hace en masonería, ésta marcha al revés es un símbolo susceptible de múltiples interpretaciones. Hace pensar desde luego en el Sol que, llegado al meridiano: región del Compañerismo, desciende poco a poco hacia la noche del Occidente. Debe verse ahí también una alusión al renunciamiento que conduce a la Maestría, la que exige el sacrificio de toda ilusión, aunque ésta sea el fruto de luces adquiridas iniciáticamente. Para pasar a ser Maestro es, en fin, necesario, poseer a fondo toda la enseñanza de los dos primeros grados; de ahí la obligación de repasar todo el curso ya recorrido.

Se trata, pues, para el Compañero de volver sobre sus pasos, partiendo de la Estrella Radiante, asimilada al rosetón que en las catedrales se ilumina a la caída de la tarde por encima del portal, entre las torres emblemáticas de las columnas J∴ y B∴.

Este astro de la comprensión ilumina solamente al Compañero en su retroceso que se efectúa sobre el recorrido del quinto viaje, consagrado a la contemplación. Pero esta vez ya no son las impresiones de afuera las que se trata de recoger. Entrando en sí mismo el iniciado medita sobre el valor de sus propias concepciones. Se da cuenta del abismo que separa a la realidad de las imágenes mentales por las cuales procuramos figurárnoslas. Con relación a la Verdad que encubren, nuestras ideas no son sino groseros ídolos: nos engañan, lo mismo que las palabras, si nos detenemos en la expresión, sin discernir lo que está expresado. En todos los dominios todo es símbolo; no seamos, pues, burlados y penetremos hasta lo simbolizado.

Plenamente edificado en lo que concierne a la imposibilidad de poseer la Verdad, la cual no se deja contener en ninguna fórmula, el Compañero debe, no obstante, obrar con certidumbre. Es por esto que él vuelve a encontrar retrocediendo, los útiles de su cuarto viaje: Escuadra y Regla. Cualquiera que sea su perplejidad desde el punto de vista puramente intelectual, el Iniciado no duda jamás, en efecto, en cuanto a la conducta que debe observar. Ésta se encuentra infaliblemente determinada por las exigencias constructivas que reclaman piedras talladas en ángulo recto. El constructor humanitario y social sabe, pues, siempre cómo debe conducirse con relación a los demás, porque aplica en todas las cosas la medida de la equidad (Escuadra). Por otra parte, él está cierto de la dirección inmutable que debe seguir, porque está animado del deseo profundo y constante de obrar bien (Regla).

Pero no es suficiente que el futuro Maestro sea ejemplar en su disciplina personal. Realizando la Piedra Cúbica, influye sin duda en su ambiente que lleva a una cristalización análoga a la suya; pero es preciso que obre a menudo con vigor para levantar las masas más pesadas y quebrantarlas por lo menos en su inercia. Le es preciso con este objeto la Palanca que se coloca en sus manos, desde que la retrogradación lo trae sobre los rastros de su tercer viaje de Compañero.

Si nada resiste a la energía del querer (Palanca) aplicado con una rectitud absoluta de intención (Regla), importa en estas materias que lo abstracto y lo concreto no sean confundidos; por eso el segundo viaje se rehace inspirándose en la Regla y el Compás, en la línea recta y el círculo. La teoría más rigurosamente lógica permanece estéril, si no se aplica teniendo en cuenta las contingencias y las relatividades. El compás es, por excelencia, el instrumento del Maestro, porque sólo el sentido de la realidad puede conducir a la Maestría.

Es preciso también, que el futuro Maestro aprenda a mandar, manejando el Mallete que golpea al cincel. No vacila, pues, en rehacer su primer viaje de Compañero, sabiendo muy bien que no deberá jamás cesar de trabajar en su propio perfeccionamiento. ¿Cómo, por lo demás, mandaría a otros si no hubiera alcanzado a dominarse a sí mismo? Toda Maestría comienza por sí: ser su propio Maestro abre la vía a todas las soberanías[10].

---

[10] Releer en *El libro de Compañero Masón*, lo que se refiere a los Cinco Viajes y al simbolismo de los útiles.

# El aprendizaje incesante

En su retroceso, sobre camino de sus cinco viajes, el Compañero que solicita la Maestría no pierde de vista la Estrella Flamígera, astro cuyo brillo aumenta más que palidece a medida que el iniciado se introduce en una obscuridad siempre más espesa. Pero de repente el centelleo animador se apaga: la venda del Aprendiz parece aplicarse nuevamente sobre los ojos del futuro Maestro; una copa, al mismo tiempo, se lleva a sus labios, y él vacía a largos tragos el cáliz de la amargura, resuelto a sufrirlo todo a fin de llenar fielmente su misión.

Reconfortado, seguro de sí mismo, en razón de la sinceridad de su sacrificio, el postulante no se azora sintiéndose súbitamente rodeado de llamas. Reconoce el brasero de su primera iniciación y se deja penetrar por un calor que le hará participar en el poder de Fuego central animador de todas las cosas.

Encontrando en seguida la Estigia de olas tumultuosas, se sumerge en el Agua que hace invencible, sin temer la impetuosidad de la corriente irresistible para los débiles. Apenas ha vuelto a pisar tierra se enreda en medio de la inextricable pelea de los seres encarnizados en destruirse. Pasa, desinteresándose de esta lucha por la vida, sobre la cual se basa la existencia objetiva, porque el Maestro está por encima de toda ambición personal y no piensa sino en llenar integralmente su tarea en cuanto colaborador de la Grande Obra.

En el resto se produce la calma, el camino sube y ningún ruido alcanza ya a las alturas serenas hacia las cuales se encamina el iniciado. Helo aquí en la soledad de las cumbres, desde donde el espíritu humano pretende contemplar el conjunto de las cosas. Ningún vértigo ataca ahí al Pensador, quien no se hace ninguna ilusión sobre las síntesis prematuras andamiadas por constructores impacientes. Él conoce a Babel y su torre de confusión; también se entrega sin emoción al viento que sopla tempestuoso. Transportado a través del Aire es vuelto a traer al suelo donde se baten los hombres.

Pero no se detiene ahí porque la Tierra se abre ante la inteligencia ávida de profundizarlo todo. El candidato a la Maestría se precipita, pues, en un boquerón anchuroso; quiere ir al fondo de las cosas, penetrar en su interior a fin de juzgar de adentro para afuera a la inversa de lo que ha debido hacer hasta aquí.

Pero, ¿dónde cae el Compañero que ha vuelto sobre todos los detalles de su doble iniciación? ¿Qué Gabinete de Reflexiones es éste donde su retrogradación se detiene? ¿Qué esqueletos fosforescentes son esos que percibe, esas lágrimas luminosas que corren por las paredes del vasto sepulcro donde extraños muertos parecen haberse reunido?

## La Cámara del Medio

En la antigüedad los «Pequeños Misterios» preparaban para la Gran Iniciación, reservada solamente para los espíritus seleccionados. La masonería también inicia en dos veces, porque Aprendizaje y Compañerismo se siguen para realizar en dos grados el conjunto del programa preparatorio, completado por la Iniciación definitiva que representa la Maestría. Ésta no podría conferirse de golpe y zumbido, porque es la continuación lógica de los progresos alcanzados anteriormente. Es preciso poseer a fondo los dos primeros grados para aspirar al tercero; de ahí la necesidad de volver hacia atrás, al punto de partida primitivo, para empeñarse desde ahí en una nueva dirección.

El retroceso del aspirante a la Maestría no termina, sin embargo, en la estrecha cueva de su primera muerte iniciática. Esta vez es sumergido mucho más profundamente en el seno de la tierra, puesto que ha llegado hasta el centro tenebroso donde se elabora el pensamiento transformador, el que reanima la verdad muerta y regenera las instituciones comprometidas por la corrupción.

Esta caverna donde se trama la eterna conspiración reconstructora; este antro de Mithra donde la luz desaparecida renace a fin de reaparecer más brillante; esta tumba del pasado donde el porvenir está en gestación; este lugar interior y oculto, inaccesible, salvo a los Iniciados dignos de las supremas revelaciones; este santuario conocido solamente de los Maestros es la Cámara del Medio.

El Compañero admitido a penetrar ahí debe ofrecer serias garantías. De este obrero, puntual, celoso, inteligente, responden sus Maestros. Al buscar la Maestría, él no cede a ningún móvil de vanidad o de baja ambición, porque no se empeña por perfeccionarse en el Grande Arte sino con el objeto de trabajar más útilmente de prestar mayores servicios y de participar a sus hermanos menos instruidos, los beneficios de la competencia que desea adquirir.

Interrogado por una voz grave que parece provenir de una profundidad lejana, el postulante responde con toda sinceridad. Es invitado entonces a volverse, después a confirmar sus declaraciones por los signos y la marcha de los grados que posee.

La obscuridad sería completa sin un cráneo luminoso que permite distinguir un catafalco erigido delante del candidato. Éste cree vislumbrar en otras partes como sombras que parecen sumergidas en una indescriptible tristeza.

Se impone, entonces, que la obra de la masonería está comprometida a consecuencia del asesinato del Maestro que dirigía los trabajos. Privados de este guía iluminado, los obreros han perdido toda la confianza en ellos mismos; no se atreven a proseguir su obra y se abandonan al desaliento. Los útiles del trabajo se les caen de las manos; se desconsuelan y gimen incapaces de acabar una construcción cuyo plan no se han asimilado, sino en su conjunto rudimentario. Pero la armonía general se les escapa lo mismo que los detalles que conviene prever para su ejecución.

Pero lo que acaba de paralizar todas las energías, es la certidumbre adquirida de que los criminales deben ser buscados entre los Compañeros. Todos los obreros se sienten solidarios del crimen cometido por sus hermanos. Se reprochan de no haber sabido prever nada, de no haberse ocupado sino de ellos mismos, sin velar por la conducta de los otros, sin cuidarse de los sentimientos que se desenvolvían en el corazón de algunos.

Ahora la desgracia está consumada. Hiram ya no está ahí para asignar su tarea a cada uno de los constructores. El trabajo está suspendido; antes de reanudarlo, los obreros tienen conciencia de que deben depurar sus filas. Todo Compañero tendrá, pues, que probar que es inocente de la muerte de Hiram.

¿Sus guantes han permanecido blancos? ¿Su mandil está inmaculado? En caso afirmativo, el impetrante escapará a toda sospecha. Cuando los asesinos sean conocidos convendrá, sin embargo, volver sobre este examen por demás simbólico, porque nadie podría alabarse de no ser cómplice en nada, de la muerte del Maestro. Una vez plenamente instruido, cada uno deberá hacer a este respecto su examen de conciencia y reconocer en qué medida, por ignorancia, por fanatismo o por ambición, han participado en el crimen.

## El arquitecto del Templo

En su sabiduría excepcional, Salomón ha podido precisar la idea del Templo, preparar el plan general, escoger el emplazamiento del edificio, reunir los obreros, procurarse los materiales y proveer a todos los aprovisionamientos; pero hábil en concebir, en terminar los contratos y en administrarlo todo de la mejor manera, el rey se sentía incapaz de dirigir él mismo una construcción y de mantener el orden en todo un ejército de constructores. Se informó, pues, de un arquitecto e hizo venir de Tiro un artista de una incontestable competencia.

El Maestro era hijo de una viuda en la cual nos es permitido reconocer místicamente a Isis, la Naturaleza. Éste era, pues, un Iniciado formado por el estudio de todo lo que atrae los sentidos, pero dotado además de esta penetración de espíritu indispensable para descubrir los secretos ocultos para siempre a la grosería del vulgo.

Pero, desdeñando deslumbrar a los hombres, el Tirio permanecía silencioso. Más que gastarse en palabras, meditaba las obras que debían hablar por él a la posteridad.

Experto en leer el alma humana, Salomón reconoció al extranjero como digno de su confianza y le delegó los poderes más amplios para todo lo que concernía a la construcción del templo. El que, por deferencia, al rey de Tiro había llamado Hiram Abif (Hiram, mi padre) fue, pues, puesto a la cabeza de todos los obreros. Éstos no tardaron en sentir su ascendiente, porque el Maestro no se imponía a ellos en virtud de una autoridad prestada. Poseyendo el arte hasta en sus menores detalles, prodigaba advertencias preciosas, ayudando a cada a superar las dificultades encontradas, animando los talentos y secundando todas las buenas voluntades. Nadie, por consiguiente, temía a Hiram Abif, como cada obrero lo llamaba, venerándolo como a su padre.

Cada uno se felicitaba por su dirección, llena a la vez de justicia y de bondad. Le estaban reconocidos por haber organizado el trabajo de una manera equitativa, proporcionando los salarios a las capacidades. A este efecto, Hiram había repartido a los obreros en tres clases distintas: los Aprendices que se juntaban ante la Columna B.·. para recibir su instrucción, sus víveres y la justa recompensa de sus trabajos; los Compañeros, llamados a colocarse con el mismo objeto cerca de la Columna J.·., y en fin los Maestros, admitidos a reunirse en el interior del templo.

Cada una de estas categorías tenía sus «Ministros» especiales, de suerte que un obrero podía hacerse reconocer a primera vista como Aprendiz, como Compañero o como Maestro. Ciertas palabras pronunciadas en la actitud y con los gestos requeridos, desempeñaban a este respecto un papel importante.

## El drama simbólico

La admirable organización, instituida por el más genial y dirigida por el más benévolo de los Jefes, habría debido funcionar para siempre de una manera perfecta. Pero la perfección no existe en la naturaleza de las cosas: es un ideal hacia el cual tienden los seres y las instituciones, pero que nadie sabría alcanzar. Como todo no existe sino para hacerse, lo perfecto (o acabado) se excluye de la existencia objetiva[11].

Hiram, ¡ay!, debía probar en su persona hasta qué punto la perversidad se desliza insidiosamente en el corazón humano, a despecho de todos los esfuerzos, de instrucción y cualquiera que sea la sabiduría de las medidas tomadas en el interés común.

Desgraciadamente está en la naturaleza del hombre sentirse más satisfecho de sí mismo que de su suerte. Numerosos obreros se creyeron superiores a la situación que se les había formado. Entre ellos, algunos Compañeros se persuadieron de que la Maestría les correspondía, mientras que se persistía en rehusarles este supremo ascenso, del cual se juzgaban dignos.

La buena opinión que ellos tenían de sí mismos los cegaba respecto a sus defectos.

Víctimas de su mediocridad de inteligencia, se ilusionaban peligrosamente sobre la extensión de su instrucción, porque el que sabe menos es siempre el más dispuesto a traer los límites del saber humano a la estrechez de su horizonte mental.

Agriados los descontentos se enojaron poco a poco por aquello cuya razón se ser no comprendían. Erigiéndose jueces infalibles condenaban las opiniones y los métodos de

---

[11] Si nos referimos al relato ortodoxo actual de la caída de los Ángeles, la perfección no se habría encontrado ni aún en el mismo cielo, anterior a toda creación material, puesto que la más formidable de las revueltas pudo estallar allí contra el orden divino. Los Beni Aelohim, esas inteligencias puras emanadas directamente de Dios, su padre, fueron tachadas de imperfección, o abusos de poder motivarían por su parte una sublevación legítima.

trabajo de los demás. Al oírlos, solamente ellos habrían estado en la verdad y todo no debería hacerse sino según su dictamen.

Hubo, en fin, miserables que pensaron en hacerse asignar un salario que tenían plena conciencia de no merecer. Fueron ellos los que resolvieron llegar a la Maestría por la violencia, complicando en el odioso complot a los otros Compañeros, cuyas disposiciones enojosas supieron explotar.

Es verdad que la leyenda reduce a tres los obreros criminales; pero es preciso no olvidar que personificaban, estos tres, cada uno, un estado de espíritu ampliamente esparcido tanto en nuestros días como en los tiempos más remotos.

Los traidores acecharon la hora en que, estando el trabajo interrumpido, el Maestro procedía sólo a su vuelta de inspección diaria. El mediodía consagrado al reposo proveyó el momento preciso[12]. Terminada su visita, Hiram, no desconfiando de nada, se dirigía para salir a la puerta del mediodía cuando vio a uno de los conjurados venir a su encuentro. El Maestro se detuvo sorprendido para preguntar al obrero el motivo que lo llevaba al Templo a esta insólita hora. «¡Hace mucho tiempo —respondió el Compañero— que estoy retenido injustamente en un rango inferior; tengo derecho a mi ascenso, admitidme, pues, entre los Maestros!».

«No ignoras —explica entonces Hiram con suavidad— que no puedo por mí solo acordarte este favor. Si eres

---

[12] La caída de la tarde es igualmente admisible, aunque menos a propósito con relación a la marcha del sol que declina a partir del medio día. *(N. del A.)*

digno de ser promovido, preséntate ante la asamblea de Maestros que te hará justicia».

«¡No esperaré más y no os dejaré sino después de haber recibido la palabra de los Maestros!». «¡Insensato, no es así como se debe pedir; trabaja y serás recompensado!».

El Compañero insiste y amenaza a Hiram, blandiendo una regla con la que golpea al Maestro que ha permanecido inquebrantable en su respuesta. El golpe dirigido a la garganta se desvía hacia el hombro y adormece el brazo derecho.

Retirándose apresuradamente del furioso, Hiram, trata de ganar la puerta de occidente, pero más amenazante aún que el primero, un segundo facineroso le cierra el camino e intenta arrancarle revelaciones sacrílegas. Exasperado por la firmeza del Maestro. El Compañero decepcionado le acierta en la región del corazón un furioso golpe con la Escuadra.

El herido bambolea y se cree perdido. Reúne, sin embargo, sus fuerzas para encaminarse hacia la puerta del oriente, pero pocos pasos le bastan para ponerlo en presencia del más perverso de los tres conjurados. Éste se precipita sobre el Maestro y lo toma por los brazos, resuelto a arrancarle o su secreto o la vida. Hiram, aunque debilitado, mira fijamente al infame agresor, exclamando: «¡Antes morir que faltar al deber!». Éstas fueron sus últimas palabras, porque, trémulo de rabia, el traidor lo abate inmediatamente con un formidable golpe de mazo asestado en plena frente.

Consumado el crimen, los cómplices, que se han reunido, quedan aterrados reconociendo la inutilidad de su monstruosa acción, de la cual no piensan más que hacer desaparecer todo rastro. Esperando que la noche les permita transportar lejos el cadáver de Hiram, lo entierran provisoriamente bajo un montón de escombros acumulados al norte del Templo; después, a medianoche, toman el campo son su fúnebre fardo.

## La prueba del futuro Maestro

Exactamente informado del crimen de los malos Compañeros, el candidato a la maestría constata el resultado de un complot en el cual habría podido estar complicado sin saberlo; los obreros fieles se lamentan ante el cadáver del Maestro poseedor de los secretos del Arte.

¿Está seguro el postulante de no haber transigido jamás, con los espíritus superficiales, siempre prontos a condenar lo que no comprenden y querer suprimir lo que no cuadra con su lógica de miopes? ¿Se ha mostrado bastante respetuoso hacia la tradición masónica personificada por Hiram, para no asociarse a las críticas desconsideradas, formuladas respecto a usos que se pretende ridículos o por lo menos pasados de moda? ¿No ha participado en nada de la mentalidad que hizo caer sobre el Maestro la pesada regla del primer asesino?

Por otra parte, ¿el Compañero no se reprocha el haberse mostrado intolerante y haber tomado odio a sus contradictores, sospechando de su buena fe? ¿Ha admitido que se pueda pensar y aún obrar de otro modo que él? ¿Habría compartido de la estrechez de sentimientos del miserable que se dirigió al corazón de Hiram, magullándolo con la ayuda de una escuadra de fierro? Además, ¿hasta qué punto coloca el postulante el olvido de sí mismo? ¿No desea ser Maestro sino a fin de servir mejor a los otros? ¿Está pronto a desinteresarse por su propia persona o siente la fascinación de algún espejismo vanidoso? ¿Estará estimulado por el orgullo de mandar y de brillar en un puesto eminente? ¿No ha alargado jamás la mano hacia el mazo fatal que consumó la muerte de Hiram?

Si se siente con el corazón puro, el futuro Maestro, sin temblar de horror, debe pasar por encima del cadáver extendido a sus pies. Partiendo de la cabeza que debe rodear, franquea el pecho, colocando el pie derecho contra el brazo derecho del muerto. El pie izquierdo ejecuta en seguida el mismo movimiento, pero sin posarse lo prosigue describiendo un arco por encima del abdomen para posarse contra la pierna izquierda. El pie derecho se reúne en el acto al izquierdo, pero no se posa sino delante del pie derecho del cadáver, donde viene a colocarse inmediatamente el pie izquierdo, formando con él una escuadra oblicua.

Después que esta marcha se ha ejecutado, el Compañero deja caer su brazo izquierdo que levantaba hacia el cielo doblado en ángulo recto. De la región del corazón desciende al mismo tiempo su mano derecha hacia la ingle izquierda, declarándose, por esta nueva actitud, pronto a arrancarse los intestinos antes que faltar a sus obligaciones de Maestro.

Helo aquí digno, en efecto, de ser elevado a la Maestría, porque el cadáver está detrás de él. Ha medido la inutilidad de las cosas corruptibles y perecederas, para desprenderse de ellas sin ignorarlas, porque el Maestro no es un asceta que huye de la materia, bajo pretexto de refugiarse en lo espiritual. Sin duda poniéndose al orden, afirma haber renunciado a todo lo que es inferior. Nada de lo que bulle sordamente en él de instintos brutales mal sofocados, supervivencias de un atavismo lejano podría influenciarlo. No es Maestro si no domina todo lo que amenaza esclavizarlo. Ya como Aprendiz ha sabido contener sus pasiones a fin de razonar con una estricta imparcialidad. Hecho Compañero, se ha dedicado a domar el león rugiente que lleva en su pecho, imitando a su mejor modo al héroe Caldeo Gilgamés quien, más avezado que Hércules, se guarda bien de matar al animal, símbolo de una fuerza que el iniciado debe saber someter a su voluntad. Para conquistar la Maestría es preciso concluir de entrar en posesión absoluta de sí, hasta el punto de refrenar hasta los apetitos legítimos, sacrificando todas las satisfacciones personales al supremo ideal del bien general y del progreso universal.

Pero nadie se eleva si no consiente en abatirse. Lo mismo que sólo una muerte voluntaria permite al profano renacer a la vida superior de la Iniciación, es preciso morir una segunda vez para conquistar las prerrogativas de los Maestros inmortales.

Rendidas sus pruebas, el nuevo Maestro es, pues, identificado con Hiram por el hecho de que es golpeado, a su vez, con la Regla, la Escuadra y el Mallete en las mismas condiciones que el arquitecto del templo. Como éste es tumbado en el suelo y toma el sitio de su cadáver, encontrándose ligada en lo sucesivo su suerte, en todas las cosas a la del Maestro desaparecido[13].

---

[13] Esta identificación del futuro Maestro con Hiram está estrictamente conforme con la doctrina de los Misterios de la Antigüedad, según la cual el «Miste» desempeñaba el rol del dios a que estaba consagrado. Véase Alfredo Loira, *Los Misterios Paganos y los Misterios Cristianos*, como también los artículos de Ch. Letan, aparecidos en *El Simbolismo* de septiembre de 1920 y enero y febrero de 1921. *(N. del A.)*

# La resurrección

Hiram había dado siempre el ejemplo de la más rigurosa puntualidad en el cumplimiento de sus funciones. Desde que no lo vieron más aparecer en medio de ellos a la hora habitual, los obreros se alarmaron, pues, por lo que hubiera podido sucederle. Se acordaron de ciertos propósitos a los que ninguno de ellos habían atribuido importancia, pero que hacían flotar trágicas sospechas sobre la clase de los Compañeros.

Recogiendo estos ecos, los Maestros resolvieron reunirse. Ninguno de entre ellos se atrevía a pretender la sucesión del artista tirio, pero uno de sus confidentes más experimentados debió tomar su lugar para presidir la asamblea.

Ésta no se preocupó sino de encontrar a Hiram, vivo o muerto, y con este objeto designó nueve maestros encargados de explorar, tres por tres, el Mediodía, el Occidente y el Oriente, para reunirse después, el noveno día de las investigaciones en un punto determinado de la región del Norte.

Cuando los exploradores extenuados acudieron al lugar de la cita, sus rostros desanimados no expresaban sino demasiado la inutilidad de sus esfuerzos. Uno de ellos, sin embargo, hizo una relación que reanimó todas las esperanzas. Cayéndose literalmente de fatiga, este Maestro había querido agarrarse de una rama de acacia. Entonces, con gran sorpresa suya, esta rama se le quedó en la mano, porque había sido introducida en una tierra recientemente removida.

A este anuncio, nadie siente más el cansancio: todos se levantan y siguen al guía hasta la altura desolada que corona un montículo marcado con la rama de buen augurio. No hay duda, es ahí donde reposan los despojos del Maestro, porque un Compás y una Escuadra yacen cerca de la rama verde, emblema de la esperanza que surge de la tumba.

Con la ayuda de sus trullas, los Maestros cavan la tierra y descubren a escasa profundidad el cuerpo de Hiram, cuyo rostro desaparece bajo el mandil, insignia de su dignidad. Con un gesto brusco este velo es retirado. Los rasgos augustos del muerto aparecen entonces inalterados, como si todavía los animase la vida. Un indecible horror hiela en el acto a los Maestros en una actitud por la cual expresarán en lo sucesivo que han entrado en posesión del cuerpo inerte de la tradición masónica.

Pero cuando una tradición ha dejado de ser comprendida, no vive más en los espíritus. En cuanto a observancia servil puede mantenerse transitoriamente; pero lo que carece de cohesión racional no tarda en dislocarse, porque todo cadáver tiende a descomponerse. Es una descomposición natural que dispersa los restos del cuerpo de Osiris que la inconsolable Isis buscó penosamente recorriendo toda la tierra. Los viajes de la Viuda corresponden a las peregrinaciones de los Maestros, ansiosos de recobrar el cadáver de Hiram, es decir, los vestigios materiales y obscuros de lo que fue una luminosa síntesis. Estas formas vacías de las cuales el espíritu se ha ausentado, estas cortezas muertas pero persistentes en razón de su misma desecación, representan lo que se mantiene en el estado cadavérico, en cuanto a superstición, en el sentido etimológico de la palabra.

Conviene, en efecto, llamar supersticioso todo lo que se mantiene en pie sin justificación lógica, como por ejemplo, los ritos perpetuados por costumbre o por respeto del pasado, mientras que nadie sabe ya a qué corresponden. Hiram es la inteligencia que anima la tradición masónica: él revive en nosotros desde el momento en que comprendemos todo el Misterio de la masonería, dándonos cuenta exactamente de la razón de ser de sus usos simbólicos.

Cuando el cadáver de Hiram desenterrado aparece en su integridad como listo para volver a la vida, es que los Maestros fieles han llegado a reconstituir la tradición en su conjunto material. No les queda más que resucitar al muerto procediendo según los ritos.

Es de pronto el Vigilante encargado de los Aprendices el que experimenta la virtud de la palabra B..., oprimiendo el índice de la mano derecha del cadáver. Es éste un llamado a la energía interior, al fuego constructivo innato que hace obrar a los seres por sí mismos. Pero nada se mueve y el Vigilante renuncia a su empresa gimiendo: «La carne se desprende de los huesos».

Su colega que instruye a los Compañeros, espera tener mejor éxito apretando el dedo del medio mientras que articula: J... Pero no es más feliz, porque la fuerza exterior que penetra a los individuos para estimular su ardor vital, no tiene eficacia, si no encuentra la menor chispa bajo las cenizas de un hogar definitivamente apagado. Así, desesperando de sus medios de acción, el Iniciado suelta la mano y expresa gimiendo «Todo se desune».

Entonces interviene el Jefe: «¡Aisladamente, dice, somos impotentes. Unámonos, pues, con fervor si queremos realizar maravillas. Formemos una cadena viviente alrededor del cadáver y para reanimarlo, hagamos obrar los supremos recursos del Arte!».

Formada ritualmente la cadena todos se recogen en sí mismos; después el Jefe colocado a los pies del muerto, se destaca y toma la mano derecha del cadáver, remontándola hasta la muñeca. Tira en seguida hacia él, mientras que los dos Vigilantes empujan a Hiram hacia adelante por los hombros, después lo levantan enteramente, tan bien que el Maestro resucitado se encuentra de pie frente al Jefe que lo recibe pie derecho contra pie derecho, rodilla contra rodilla, pecho contra pecho, las manos derechas entrelazadas y la mano izquierda pasada por encima del hombro para sostener al desfalleciente, porque la revivificación no está todavía completa: sólo la vida vegetativa circula de nuevo, pero el espíritu permanece adormecido. Para despertarlo, palabras de vida son pronunciadas en voz muy baja al oído del candidato sustituido al cadáver de Hiram. Se le llama así: «M... B...» dicho de otro modo: «Hijo de la Putrefacción».

Como si estas palabras concluyera de dar la llave de toda la Maestría, el nuevo Maestro es ahora honrado como si Hiram se hubiera reencarnado en él. De repente la fúnebre «Cámara del Medio» se transforma bruscamente en un santuario resplandeciente de luz. El espeso telón que aislaba a los Maestros que se sentaban invisibles en el Oriente se aparta y en lo sucesivo cada uno se comunica libremente con ellos.

## La leyenda interpretada

De todas las instituciones humanas, la francmasonería es la única que ha sabido prever su propia decadencia y el modo de remediarla.

Ella no se hace ilusiones sobre el peligro interior que amenaza a los seres vivientes, en razón de los gérmenes de muerte y de disolución inherentes a todo organismo. Los enemigos exteriores pueden entrabar y aún paralizar nuestra actividad; pero no nos matan sino muy excepcionalmente. Son las enfermedades resultantes de perturbaciones internas las que, más a menudo, nos conducen a la tumba.

Toda higiene previsora tomará, pues, en cuenta los elementos disolventes que tienden a minarnos sordamente, teniendo un papel importante en nuestro funcionamiento vital. Para resistir a la muerte, es preciso conocer sus agentes a fin de neutralizar constantemente su obra nefasta.

En masonería, la solidez del edificio no tiene nada que temer de la lluvia, del viento o de los furiosos clamores del exterior; pero los obreros que trabajan mal y en un mal espíritu comprometen a la corporación y pueden matarla si ella no posee un poder suficiente de resistencia contra la disolución.

Una institución indispensable para el desenvolvimiento de la Humanidad no podría, por otra parte, desaparecer, porque posee un espíritu de Vida que, lo mismo que el Fénix, la hace renacer perpetuamente de sus cenizas. Al instrumento usado o corrompido que se disloca, este imperecedero Arcano (el fuego constructivo) sustituye incesantemente organismos nuevos de más en más adaptados a su misión.

Cada vez que el Hijo de la Putrefacción sucede más resplandeciente a su padre asesinado, como Horus, el sol de la mañana, emprende diariamente la carrera de Osiris, que declina a partir del mediodía para sumergirse en la tarde en las tinieblas de Occidente.

Pero, para resucitar más fuerte y más gloriosa, la masonería debe precaverse contra el mal que determina su pérdida. Se trata, de una triple plaga representada por la Ignorancia, el Fanatismo y la Ambición. Ésos son los Compañeros indignos que acometen al respetable Maestro Hiram, es decir, a la tradición masónica personificada.

Puesto que los criminales de la leyenda son obreros que cooperan con nosotros a la construcción del Templo, no busquemos por fuera de la masonería sus más temibles enemigos.

Seguramente los tres vicios extienden sus estragos a toda la Humanidad, la que es preciso curar gradualmente de la ignorancia, del fanatismo y de la superstición. Pero antes de constituirnos ambiciosamente en curadores de los demás, seamos modestos y proveamos ante todo a nuestra propia salud.

La masonería comenzará, pues, por ella misma, esforzándose por extirpar de su propio seno los vicios disolventes.

No se encontrará verdaderamente a la altura de su misión sino el día en que su personal sepa mostrarse instruido, tolerante y desinteresado. Entonces, pero sólo entonces, su influencia intelectual y moral se afirmará irresistiblemente.

Desenmascaremos ahora a los matadores de Hiram. Son numerosos ¡ay! pero los más, a menudo no saben lo que hacen, encontrándose sumergidos en la ignorancia masónica más deplorable. Es precisamente porque lo ignoran todo en masonería que censuran con intransigencia lo que sobrepasa su comprensión impotente. En nombre de un racionalismo limitado, reclaman la supresión de las fórmulas y de los usos cuya razón de ser no disciernen. Su vandalismo se inspira en una lógica rígida y en un dogmatismo estrecho cuya imagen es la Regla que se arroja sobre el hombro de Hiram y le paraliza el brazo derecho. Privado de sus signos materiales de manifestación, el espíritu masónico se encuentra, en efecto, reducido a la impotencia, por el hecho de las mutilaciones o de los trastornos que el simbolismo tradicional ha sufrido. Ninguna enseñanza iniciática es posible si los símbolos sobre los cuales enseña no existen. Racionalizada según el gusto de los antisimbolistas, la francmasonería no sería sino una escuela en que los alumnos que no saben leer hubieran decretado la supresión del alfabeto...

Pero la estrechez del corazón es peor aún que la de la inteligencia. La masonería enseña a los hombres amarse a pesar de todo lo que los divide. Debemos elevarnos por encima de las divisiones para comulgar entre nosotros por el efecto de esta mutua tolerancia, fuera de la cual no hay francmasonería. ¿Qué pensar, después de lo dicho, de esos pretendidos masones que, creyéndose ellos solos en posesión de la verdad masónica, toman odio a cualquiera que no piense como ellos? Como si se proclamasen infalibles en sus opiniones, estos pontífices les erigen en dogmas y fulminan incesantes excomuniones contra los heréticos opuestos a su manera de ver. Ellos tienden a desorganizar la masonería, a estrecharla a las dimensiones de una iglesia restringida, mientras que la Logia debe extenderse de Oriente a Occidente y del Mediodía al Norte para expresar hasta qué punto se impone la universidad a nuestra institución esencialmente antisectaria. Así, infiltrándose entre nosotros, bajo cualquier disfraz que sea, el espíritu de sectarismo reduce a polvo los cimientos de nuestra fraternidad universal. Desprende las piedras del edificio pretendiendo volver a tallarlas más exactamente. Es, pues, con la Escuadra de su concepción particular de lo justo, que los intolerantes, los sectarios y los fanáticos golpean en el corazón al Maestro Hiram.

Como todos los vicios, el fanatismo resulta por otra parte de la exageración de una cualidad, porque es preciso formarse una convicción para obrar. Eminentemente activo, el Compañero no puede atenerse a un escepticismo flotante: le es preciso de toda necesidad una base de certidumbre, al menos relativa para edificar. Aceptará, pues, con discernimiento ciertos principios y les dará crédito en cuanto a guías de su conducta. Pero, habiéndose determinado libremente, respetará la libertad de los demás, dándose cuenta de divergencias de opinión que resultan de la complejidad del aspecto de las cosas, tan bien que ciertos hermanos y con mayor razón los profanos, pueden llegar con toda sinceridad a conclusiones contradictorias.

Cuando la incomprensión y el sectarismo han hecho su obra, no queda a Hiram más que recibir el golpe de gracia. Quebrantado, se hunde bajo el Mallete de los ambiciosos. Éstos no piensan sino en sacar partido en su provecho de una institución falseada en vías de dislocación. Desviándola de su objeto elevado, pero lejano, le asignan un objetivo práctico inmediato que puede servir a sus designios. La francmasonería se torna entonces en el instrumento de una camarilla política acaparadora del poder o de una conspiración dirigida contra el interés general; esto es la muerte del masonismo, en lo sucesivo indiferentes a la suerte de su cadáver.

## La regeneración

Los hombres y las instituciones desaparecen, pero la humanidad subsiste con su necesidad de progresar y de cumplir sus destinos. Si el órgano que asegura su marcha adelante llega a faltarle, no puede ella dejar de reemplazarlo, porque la inmovilidad sería contraria a su naturaleza. Por eso Hiram no permanece jamás muerto mucho tiempo.

Desde que cesa de llenar sus funciones, sus verdaderos discípulos se reúnen para llorarlo. Dándose cuenta de toda la extensión del mal que deploran, buscan sus causas y descubren el crimen de los malos Compañeros.

Los iniciados reconocen entonces que todo está perdido... momentáneamente, porque suceda lo que suceda, no se desaniman jamás. «¡Hiram ha muerto bajo la forma imperfecta que había hecho su época, que renazca, pues, mejor armado para el papel que le incumbe!».

Pero, para hacerlo revivir es preciso recobrar su cadáver, es decir, reconstituir la tradición material. Los simbolistas ponen, pues, manos a la obra: estudian la Iniciación bajo todos sus aspectos, comparan los ritos, los emblemas, los mitos, las religiones y las filosofías, con el fin de discernir lo que es verdaderamente iniciático. Pasan revista en seguida a los antiguos usos de la francmasonería, descartan las superfetaciones parasitarias, las fantasías injustificadas y conciben así el conjunto por reedificar. Esto es lo que se llama viajar en todas las direcciones para descubrir, finalmente, los despojos mortales del Maestro asesinado.

Pero el cadáver no se levanta por sí solo: no responde al llamado hecho a la vitalidad que habría podido conservar y es en vano que se intente galvanizarlo. La antigua vida no lo hará revivir: es preciso infundirle un soplo nuevo puesto al servicio del ideal imperecedero de la iniciación.

Tal es sentido de la cadena de vida regeneradora. Los que la forman no se contentan con contemplar la Tradición muerta reconstituida. Poniendo sus almas en común, combinan en haz sus más altas aspiraciones y sus más fervientes deseos. Desprenden así una fuerza psíquica operante, que reanima el cadáver a medida que lo levantan los vivientes, ligándose a él por los cinco puntos del Compañerismo.

La aproximación de los pies, de las rodillas, de los pechos, de las manos derechas y el gesto simultáneo de la mano izquierda, afirman en este caso la absoluta comunión de los obreros firmemente resueltos a marchar hacia un objeto único (pies), a profesar el mismo culto del trabajo (rodillas), a compartir idénticos sentimientos (pechos), a unir estrechamente sus esfuerzos (manos derechas) y a sostenerse mutuamente (manos izquierdas).

Una vez en pie, con la organización renovada, es decir, funcionando fisiológicamente, falta hacerle tomar conciencia de sí misma. Es preciso que se dé plena cuenta de su razón de ser, de su destino, de su verdadero carácter y de sus medios de acción. Este completo llamado así es el efecto de la Palabra Perdida, recobrada bajo la aspiración de las circunstancias.

La palabra mágica, por otra parte, importa poco en sí misma; pero es bueno que el Hijo sepa que emana de la Putrefacción. ¿No nos agitamos aquí abajo sobre el estiércol del Porvenir, donde todo se disuelve sin cesar, donde todas las formaciones efímeras se derrumban para proveer de materiales a las construcciones vitales perpetuamente renovadas? Es preciso haber penetrado el secreto de la Muerte transformadora para formarse una idea justa del Nacimiento y de la Vida.

## Los mitos

Morir en lo que es inferior para renacer en una vida superior, tal es el tema fundamental de todas las iniciaciones. En todas partes y en todos los tiempos el muerto que resucita representa el papel principal en los ritos de recepción de los sacerdotes hechiceros. La Iglesia católica misma ha permanecido fiel a la tradición, cuando canta las plegarias de los muertos (responsos) ante el diácono tendido bajo un paño mortuorio antes que se le permita levantarse para ser investido de la plenitud de los poderes del sacerdocio.

Algunas comparaciones se imponen, por otra parte, entre la pasión de Hiram y la del Cristo. Por una y otra parte el Maestro sucumbe víctima de los mismos vicios y después y después vuelve a la vida para no abandonar a sus discípulos que tienen necesidad de ser dirigidos en el cumplimiento de su tarea. Ésta consiste, para los Cristianos, en realizar sobre la tierra el Reino de Dios, especie de paraíso reconquistado gracias a la generalización de las virtudes cristianas. Los masones persiguen el mismo ideal, puesto que se proponen acabar la construcción del Templo de la Fraternidad Universal; pero su método no es de las religiones. En lugar de llamar a todos los individuos indistintamente, para enrolarlos bajo la bandera de una fe, si no totalmente ciega, al menos aceptada sin examen efectivo, la masonería no se dirige sino a los espíritus emancipados, capaces de determinar por sí mismos lo que reconocen como razonable y justo.

Si el Cristo simboliza, pues, de una manera muy general la Luz redentora que ilumina a todos los hombres, para conducirlos a vivir más y más fraternalmente, es preciso ver en Hiram una Luz análoga, pero encarada a un punto de vista mucho más restringido. El Maestro de los Libres Constructores que buscan la vedad con toda independencia, por su cuenta y riesgo, sin inclinarse ante ningún dogma revelado, representa más particularmente al Genio de la Iniciación.

Los Evangelios, por otra parte, han transfigurado al fundador del cristianismo en un personaje místico por el hecho de que le atribuyen la suerte de otros héroes divinizados. Entre otros, ninguno gozaba en la antigüedad de un prestigio comparable al de Adonis cuya resurrección anual se celebraba en la primavera con gran pompa. Los sirios y los griegos recibieron de los Caldeos la leyenda de este pastor amante de Venus que renacía con la vegetación.

Un sentido esotérico más profundo se atribuye al poema antiquísimo del descenso de Ishtar a los Infiernos. Por una razón que permanece inexplicada, la diosa babilónica se aparta de los vivos y se sumerge en la morada de los muertos. Se encuentra allí con siete murallas que no puede franquear sino despojándose gradualmente de todos sus metales y de sus vestidos. Se presenta así en un estado de completa desnudez ante la Reina de los Infiernos, quien, después de haber provocado a Ishtar a sublevarse contra su autoridad, la castiga haciéndola abrumar con todos los males y reteniéndola prisionera.

Los vivos no conocieron más desde entonces ni el amor ni sus ritos. Encontrándose amenazadas de extinguirse las razas, los dioses clarividentes tiemblan entonces ante el temor de que les faltaran los devotos y las ofrendas. Porque su divinidad se extingue por falta de adoradores. Llegado este caso, los dioses inferiores recurren a los superiores e imploran la inmediata liberación de Ishtar.

Respetuosa de la jerarquía, Ea, la Sabiduría suprema, está perpleja, porque le repugna violar las leyes, que ella ha impuesto a la creación y, sin embargo, no puede esterilizar a ésta, dejando languidecer en el negro Aralou a la diosa de la fecundidad. Pero la inteligencia infinita está llena de ingeniosidad: trastornar la regla inmutable no es sino un juego para ella. Contrariando la legalidad, el infierno se verá obligado a entregar su presa a despecho de las rabiosas protestas de la Señora del País de donde no se vuelve.

Ishtar es, pues, revivificada y después conducida de puerta en puerta hasta la salida de la sombría morada. Franqueando de nuevo las murallas fatales, la diosa vuelve a entrar en posesión de todo lo que le pertenece.

Recobra el paño que protege su pudor, los anillos de sus tobillos, sus brazaletes, su cinturón ornado de piedras preciosas, su túnica matizada, su collar rutilante de ópalos, sus pendientes y, por último, su gran corona. Habiendo Ishtar recobrado con ésta su realeza, la vida terrestre vuelve a tomar su curso normal[14].

Este mito que se remonta por lo menos a cinco mil años, hace alusión a la renovación primaveral de la vegetación; pero sería un error no atribuirle un alcance más sutil. Descenso a los infiernos, despojo, después restitución de los metales, muerte y resurrección, marcan otras tantas fases del programa constante de todas las iniciaciones. Consideremos, pues, la leyenda, cuya versión asiria nos ha sido conservada casi integralmente, como el primer anillo de la larga cadena de textos iniciáticos que conduce finalmente a la leyenda de Hiram.

---

[14] Véase «El Poema de Ishtar» en *El Simbolismo,* número de abril de 1921 y siguientes. *(N. del A.)*

# La epopeya de Gilgamés

Otra obra maestra de la antiquísima literatura caldea merece retener nuestra atención. Se trata de doce cantos compuestos a la gloria de Gilgamés o Guilgamesh, rey constructor de Uruk, la ciudad iniciática de los siete cercos.

No menos sabio que debía serlo Salomón una veintena de siglos más tarde, el joven soberano no piensa desde luego sino en fortificar la ciudad santa. Tiraniza a sus súbditos, obligándolos a edificar sin tregua. Esta juventud únicamente constructiva parece identificar al rey con el principio que, en cada ser, estimula la actividad vital para apresurar el desarrollo del organismo.

El adolescente, en efecto, no tarda en asociarse a un sátiro que personifica al instinto genésico con todo el despliegue de vigor que le corresponde.

Desde que Gilgamés dispone de la energía exuberante del compañero que ha dejado por él la estepa donde vivía como los animales salvajes, el rey constructor se preocupa mucho menos de Uruk y se lanza a empresas lejanas. (Fin del Aprendizaje que acumula y disciplina las fuerzas de acción y principio del Compañerismo que obra).

Los dos amigos atacan en primer lugar a Kumbaba, el terror del Oriente, guardián de una selva sagrada, donde nadie penetra sin perder inmediatamente sus fuerzas. Pero todos los encantamientos son conjurados y los Iniciados victoriosos llevan a Uruk la cabeza de su enemigo, como también la estatua de la diosa Irnina, sustraída del santuario que se erigía sobre la inaccesible montaña de los dioses.

Esta victoria liberadora parece alcanzada sobre alguna tiranía dogmática que explota el espanto de las masas crédulas. Sería, pues, del orden intelectual y psíquico.

Pero, contemplando a Gilgamés en todo el brillo de su triunfo, Ishtar se inflama de una irresistible pasión por él y le pide que sea su amante. Pero la diosa acarrea la desgracia a los que ama. Dominando su sensualidad el héroe rehúsa pues sus avances y ofende así mortalmente a la vengativa diosa.

En su furor, Ishtar obtiene del cielo la creación de un toro gigantesco cuyo aliento está envenenado. El monstruo desciende de las alturas para vengar a la diosa; después de luchas extenuantes es vencido y sus famosos cuernos de metal bordados de lapislázuli son llevados como trofeo a Uruk.

De lo alto de las murallas, Ishtar exasperada maldice entonces a los vencedores. Indignado el brutal compañero de Gilgamés replica lanzando a la diosa «el legítimo trozo» («Le vrai morceau») del Toro celeste, reliquia sobre la cual Ishtar llora con sus hieródulas[15]. Gilgamés se lava en seguida en el Éufrates con su amigo y después aparece «resplandeciente por sobre todos los hombres».

El fiel asociado de sus grandes hechos no ha respirado, sin embargo, impunemente las emanaciones mefíticas del toro vengador: una enfermedad de languidez lo invade y se duerme con un sueño que se parece de más en más a la muerte. Es así cómo la energía genésica se extingue insensiblemente.

Gilgamés está inconsolable con la muerte de su amigo, porque teme para sí mismo una suerte análoga. En lo sucesivo las empresas gloriosas le son indiferentes; busca la soledad y se introduce en el desierto (de la meditación) a fin

---

[15] Cortesanas sagradas, sacerdotisas respetadas de la gran diosa asiática.

de acercarse a Utnapistim, su antepasado, cuyo nombre significa: «él ha encontrado la vida».

Para conquistar la inmortalidad, el rey de Uruk abandona su país y se dirige hacia el Occidente, soportando el hambre y la sed, expuesto a los ataques de los animales feroces. Tropieza finalmente con una cadena de montes infranqueables, en el flanco de los cuales se abre un pasaje tenebroso, guardado por una pareja de gigantes medio-humanos y medio-escorpiones. Estos monstruos petrifican de terror por su solo aspecto; pero, lejos de retroceder o de morir de miedo, Gilgamés avanza hacia ellos con firmeza.

Este valor sobrehumano hace suponer al hombre-escorpión que un ser divinificado se dirige hacia él. Experta en la materia, la mujer-escorpión comprende entonces que el Iniciado participa de los dos tercios de la naturaleza divina y no es ya hombre sino en un tercio, lo que es una manera de reconocerlo como llegado a la integridad del Compañerismo y digno por consiguiente, de aspirar a la Maestría.

Sin embargo, el escorpión macho detiene a Gilgamés y le pregunta a dónde va. Sabiendo que el viajero quiere acercarse a Utnapistim, a fin de obtener de él el secreto de la vida, los terribles guardianes declaran irrealizable este proyecto, porque ellos no pueden conceder el acceso a la garganta que conduce más allá de los montes Mashú.

Gilgamés insiste e invoca a Shamash, el Sol, testigo de las torturas que ha resistido en el desierto. Este dios se deja ablandar, pero haciendo llamado a la razón de su protegido, se esfuerza en desviarlo de la caza ansiosa a la cual se entrega sin esperanzas de tener éxito y encontrar lo que busca.

Pero el héroe responde con un himno a la Luz, evocación que le abre el negro corredor agujereado a través de la montaña. Durante once horas dobles se introduce ahí sin percibir la menor vislumbre de claridad, después la oscuridad se atenúa y en la penumbra la última hora doble de su camino.

Este termina en el jardín luminoso de la diosa Siduri, vergel que se extiende hasta el mar y cuyos árboles divinos tienen por frutas piedras preciosas. Gilgamés asusta a la joven belleza que reina en el paraíso estéril. Ella se oculta de él y no se deja ver sino púdicamente velada para prodigarle los más razonables consejos. «Nadie, salvo el sol, le dice, puede atravesar la mar peligrosa, donde se agitan las aguas de la muerte. Renuncia, pues, Gilgamés a tu existencia vagabunda, pues no encontrarás la vida que buscas. Cuando lo dioses crearon al hombre, hicieron de la muerte su destino y retuvieron la vida en las manos de ellos». Después la diosa alaba muy juiciosamente las alegrías de la existencia efímera que es preciso saber tomar tal como se ofrece para gozar de todas las satisfacciones que presenta. El sabio se contenta con revivir en sus hijos y hace feliz a la mujer que se le une.

Pero la voluntad de Gilgamés es irresistiblemente atraída hacia Utnapistim; quiere afrontarlo todo para llegar hasta este instructor que le revelará los misterios supremos. Tanta perseverancia y tanto desprendimiento de lo que es humano enternecen a la graciosa Siduri. Se decide, pues, a indicar al héroe que vea al nauta Amel-Ea quien consiente en tomarlo a bordo de su navío. Ésta hiende la honda con una rapidez maravillosa, tanto que al término de tres días llega a las aguas de la muerte, donde la navegación, en extremo peligrosa, se prosigue, sin embargo, puesto que a despecho de las más inauditas dificultades, alcanzan finalmente a los límites del mundo donde reside el inmortal Utnapistim.

Una vez desembarcado, Gilgamés no es admitido a la presencia de su misterioso antepasado sino por piedad por los sufrimientos resistidos. Pero ¡ay! no es instruido sino acerca de la manera como son juzgados los muertos por los Anunnaki que fijan sus destinos, porque la muerte es limitada lo mismo que la vida.

La entrevista deja al héroe la convicción que debe resignarse a morir. Pero, ¿cómo Utnapistim ha podido conquistar la inmortalidad?

Aquí se coloca el relato del diluvio, mito cuyo análisis será el objeto de un capítulo especial.

Antes de embarcarse para el regreso, Gilgamés procede a hacer abluciones que lo purifican de toda tiznadura y lo limpian de las adherencias a la piel que da al mar. Al salir de este baño, el Iniciado se reviste con un traje de viaje que no sufrirá ningún deterioro antes de la vuelta a Uruk.

En esta ciudad que representa el organismo material, las peregrinaciones de Gilgamés son extra-corporales: se transporta en alma y en espíritu ante el Maestro a quien no abandona sino despersonalizándose, es decir, desembarazándose de su ambiente mental personal, constituido por todas las preocupaciones que se relacionen consigo mismo. Después que Gilgamés se ha purificado, se le admite a sumergirse hasta el fondo de un agua dulce, a fin de coger allí una hierba puntiaguda que puede devolverle la juventud.

Reconfortado, el héroe vuelve a hacerse a la mar con el precioso ramo y siete panes preparados a su idea por la mujer de Utnapistim. Habiendo ido todo bien, Gilgamés desembarca al cabo de algunos días de navegación a fin de lavarse en un charco de agua dulce. Una serpiente le roba entonces la yerba rejuvenecedora. En la esperanza de recobrarla, Gilgamés resuelve regresar a Uruk por vía terrestre. Abandona, pues, el navío y se pone en marcha seguido por Amel-Ea. Después de un largo recorrido, el rey penetra finalmente en la ciudad de la cual es soberano. En recompensa de su adhesión, el nauta es comisionado para la supervigilancia de trabajos de construcción: desde los altos de los parapetos presidirá en lo sucesivo la confección de los ladrillos y la reparación de las murallas.

En cuanto a Gilgamés, preocupado de la muerte que lo acecha, no piensa ya sino en evocar la sombra de su compañero de juventud. Gracias a la intervención de Ea, el amigo de los hombres, las potencias infernales abren la tierra y dejan remontar en forma de torbellino el soplo que había animado al potente cooperador del rey.

Este interroga al reaparecido sobre la suerte de los difuntos que varía según el género de muerte y de sepultura. Los guerreros caídos en el campo de batalla se benefician en los infiernos con un tratamiento de favor; pero desgraciada la sombra de la cual nadie se preocupa en la tierra, porque no tiene para sustentarse sino los restos de alimentos arrojados a la calle.

Así termina el más antiguo de los poemas épicos del cual los judíos han tomado la historia del diluvio, que nos resta por resumir según la versión original.

## El diluvio caldeo

Bajo la instigación de Bel, el señor de la superficie terrestre, los dioses han decidido provocar un diluvio del cual no deben ser advertidos los hombres. Pero Ea, el dios de las aguas supercelestes, desea salvar al más ferviente de sus adoradores que habita en Eridú. Poseedor del secreto a semejanza de los humanos, el dios sutil que ninguna dificultad puede detener, concentra su pensamiento sobre una pared de cañas de la vivienda de su protegido. Éste oye entonces al muro hablarle como si fuera un moderno fonógrafo. «¡Construye una casa flotante!». ¡Desprecia la riqueza, busca la vida! ¡Haz entrar en el buque seres vivientes de todas las especies!».

El aviso es comprendido. Pero, ¿cómo explicará su empresa el constructor del arca a sus conciudadanos admirados? «Dirás, responde Ea, que habiéndole tomado odio Bel, quieres huir de su tierra, navegando hasta el dominio de Ea».

El buque-casa se construyó. Seis techos lo cubren, siete barandas lo protegen y nueve tabiques interiores establecen diez compartimentos. Todo está alquitranado cuidadosamente; después de terminado el acarreo de los aprovisionamientos, el amigo de Ea, transporta al arca su oro y su plata. Instala en ella a su familia y a sus animales, los cuales no comprenden sino herbívoros y pájaros. Maestros expertos en las diferentes artes son igualmente embarcados, comenzando por los que han colaborado en la construcción del refugio salvador. Una tarde, en fin, el jefe de la empresa se va a bordo y encarga a su náutico de dirigirlo todo en lo sucesivo.

Desde el día siguiente, cuando sol se elevaba hacia el medio de la constelación de los Gemelos, un huracán estalla. Adad, el dios de las tempestades desencadena todos los elementos, estimulado por Marduk, el señor del fuego celeste y por Nabú, su infatigable mensajero. El viento del sur levanta al mismo tiempo las olas del mar que invaden toda la tierra, donde los hombres son ahogados, mientras que el arca es impulsada hacia el norte.

Los dioses no tardan en espantarse de su obra; se refugian en el cielo más elevado donde lloran la pérdida del género humano. Al término de seis días la calma renace y al día siguiente el arca encalla en el monte Nissir. Siete días transcurren aún en espera; después una paloma, una golondrina y un cuervo son sucesivamente soltados. Como este último no vuelve, el arca va a poder ser evacuada, pero los que el arca ha salvado sienten la necesidad de dar gracias a los dioses, ofreciéndoles un sacrificio y libaciones. Todo el panteón caldeo se estrecha entonces alrededor de las ofrendas de que estaba privado desde la catástrofe. La misma madre de los dioses es de opinión que Bel, promotor de todo el mal, no debe tener su parte de lo que se ofrece a los dioses. Pero Bel reaparece y se pone furioso porque la humanidad no está enteramente destruida. Ya amenaza a los sobrevivientes, cuando Ninib, el dios de la guerra, desvía su cólera hacia Ea sospechoso de haber sugerido el salvataje. Encausado Ea reprocha a Bel su precipitación: puesto que sólo la humanidad había incurrido en la cólera de los dioses, el castigo había debido limitarse a los humanos. Ahora para extinguir a éstos no era de necesidad ahogar a todo lo que respira. Plagas como el león alado, el perro salvaje, el hambre y el estrangulador Ira habrían bastado ampliamente para el caso. Ea se defiende, por otra parte, de haber traicionado el secreto de los dioses, puesto que nada la prohibía gratificar a su piadoso servidor con un sueño cuyo alcance éste había tenido el mérito de adivinar.

Satisfecho, Bel sube entonces al arca donde el protegido de Ea se había retirado por prudencia. El dios lo hace descender a tierra juntamente con su mujer y ordena a la pareja arrodillarse. Después Bel declara: «Hasta aquí vosotros erais mortales, en lo sucesivo Utnapishtim y su mujer serán dioses como nosotros». Al mismo tiempo toca a la pareja con su cetro, la bendice y la transporta lejos a fin de que goce de su inmortalidad en la desembocadura de los ríos, es decir en la extremidad del mundo, más allá de lo que se llamó más tarde las Columnas de Hércules.

Berosio cuenta que el nauta del Arca fue igualmente inmortalizado. En cuanto a los otros sobrevivientes del diluvio, volvieron a Babilonia donde, conforme a las órdenes recibidas, desenterraron los ladrillos sumergidos en Sippar, a fin de esparcir entre los hombres las enseñanzas que allí se encontraban consignadas.

Utnapishtim es el título iniciático del que ha encontrado la vida conquistando la inmortalidad. Si Gilgamés hubiera comprendido el alcance del relato de su antepasado, no habría temblado ante la muerte.

El Noé caldeo fue desde luego designado bajo los nombres de Atrakhasis o Khasisatra, del que Berosio hizo Xisuthros, lo que es un homenaje rendido a la rara sagacidad del protegido de Ea, porque al atribuirle «orejas desmesuradas» (es el sentido de la palabra) sus contemporáneos hacían alusión a una hiperestesia auditiva tomada en sentido intelectual. Hisuthros oía, pues, lo que nadie podría percibir. Comprendiendo mejor, fue más sabio y más previsor.

Obedeciendo a Ea, no se pegó a lo que seduce a los demás hombres; sino que buscó la vida construyendo el arca y recogiendo en ella todo lo que es digno de sobrevivir. ¡Si queremos inmortalizarnos, obremos como él: identifiquémonos con lo imperecedero! La vida individual procede de una vida más general que se trata de hacer predominar en nosotros. A este efecto, el desinterés se impone: es preciso convertirse en el hombre de Ea, es decir, de la inteligencia creadora que corresponde al Gran Arquitecto del Universo. El masón que vive para el Trabajo en lugar de trabajar para vivir, encuentra la vida elevándose a la verdadera Maestría.

## La trinidad fenicia

A la cabeza de las obras ejecutadas por Hiram para completar el Templo de Jerusalem, la Biblia cita las dos columnas del pórtico: Iakin y Boaz. Heródoto nos enseña que en el más antiguo Templo de Tiro, la divinidad no tenía por toda imagen sino las dos columnas levantadas por Us'oos, el fundador de la ciudad, en honor del Fuego y del Viento. Las columnas tomaron así un carácter sagrado a los ojos de los Fenicios quienes erigieron más tarde en las dos riberas del estrecho de Gibraltar los monumentos conocidos en la antigüedad bajo el nombre de Columnas de Melquart o de Hércules-Heracles.

Este binario fundamental representa el doble aspecto del principio animador de todas las cosas. El Fuego se enciende en todos los seres y asegura su fijeza, su crecimiento, su desenvolvimiento, esto es su construcción conforme al plan de la especie, tiene por jeroglífico general el triángulo equilátero △, que se lee *ru* en acadio y tiene el sentido de edificar. Los Alquimistas derivan de él su signo del azufre, que simboliza al Fuego interior activo, constructor, al cual corresponde la columna Nikai. Este fuego permanece inactivo en el germen, o sea, en estado latente, mientras no es despertado, excitado y continuamente mantenido por el Viento, personificado por Mercurio A a los ojos de los Herméticos. El mensajero de los dioses representa en eso un Aire tan sutil que penetra por todas partes, aún a través de los cuerpos más densos. Éste es el vehículo de la vida universal, del que se ha dicho en él la fuerza, sentido de la palabra Zabho.

El Fuego cosmogónico y el Viento misterioso que lo atiza, no bastaron a la imaginación popular como representaciones divinas. La religión propuso, pues, a la adoración de la multitud divinidades menos abstractas. Condensado en el Sol, el Fuego universal se convirtió en Baal el quemante, dios terrible al cual en tiempos de calamidad los padres sacrificaron sus hijos más queridos. Este amo impasible, inmutable y altanero, encuentra en la Naturaleza una esclava sumisa, aunque caprichosa y voluble, personificada por Astarté, divinidad que reunía en sí a Cibeles, Ceres, Diana y Venus en cuanto a personificación de los elementos fecundables: Tierra y Agua. Pero el Fuego generador (Baal) no engendra la vida sino para consumirla: como Saturno-Kronos, devora a sus hijos. Su actividad incesante usa los órganos y mata a los individuos, lo mismo que el calor continuo seca la vegetación.

El germen ígneo depositado en los seres no se desenvuelve, por otra parte, sino bajo la influencia del Aire, es decir, del Viento mercurial, primitivamente adorado en unión indisoluble con el Fuego. Ahora, este agente vital, únicamente bienhechor, se convirtió para los pueblos del Asia Menor en el dios amado, que alguien llamó Adonis, mi señor. Gracias a este amante de Astarté (el Ishtar caldeo) los campos verdeguean en la belleza de las flores que se abren. Pero Adonis (Tamuz, Dumuzi o Eshmún) es muerto cada año por la estación tórrida; es entonces llorado públicamente y después los devotos y devotas llevan ostensiblemente su luto. Procesiones dolientes recorren finalmente el campo para buscar la tumba del dios; y cuando su estatua es desenterrada y en seguida llevada en triunfo, una alegría estrepitosa estalla para festejar al Salvador que va a esparcir la prosperidad.

Byblos tenía la especialidad de este culto en el cual se inspiró la pascua cristiana. La resurrección del dios atraía anualmente innumerables peregrinos ávidos de aprovechar las donaciones de los Fenicios, quienes, en su exaltación mística, no les rehusaban nada.

¿El más esparcido de los mitos asiáticos habrá sugerido ciertos detalles de la leyenda de Hiram que fue prohibida desde su aparición hacia 1730, como una invención disparatada sacada de Ovidio y de Virgilio? La respuesta permanece indecisa porque en el dominio del simbolismo los encuentros son fatales. Es así cómo en el cuento profundamente iniciático *La serpiente verde*[16] Goethe ha podido poner en escena una Siduri[17], que él denominó la bella Lilia, sin conocer la epopeya de Gilgamés que no fue dada a luz sino cerca de un siglo más tarde. Toda imaginación genial coloca a sus imágenes en un dominio común a los artistas y a los poetas de todas las épocas.

La Maestría del pensamiento nos eleva hasta esa región donde los espíritus desprendidos de toda grosería comulgan en la comprensión de un lenguaje que se expresa en formas y en figuras de belleza.

---

[16] Ver *El Simbolismo* (1° y 2° año). Este cuento es en cierto modo de una espléndida poetización de la Maestría.
[17] Ver más arriba.

# CONCEPCIONES FILOSÓFICAS RELATIVAS AL GRADO DE MAESTRO

## Los Superiores Desconocidos

El ternario de los «Superiores Desconocidos»: Nacimiento-Vida-Muerte corresponde a los tres grados simbólicos.

El Aprendiz se desenvuelve para nacer a una vida nueva: está en gestación y no verá luz sino al término de sus pruebas intrauterinas, a continuación de un alumbramiento puesto en escena en ciertos misterios de la antigüedad.

El Compañero está provisto de útiles para vivir, dicho de otra manera, para obrar exteriormente, en vías de realizar un trabajo, en asociación con otra persona. En cuanto al Maestro, ha vivido adquiriendo experiencia, pero declina y debe prepararse para morir.

Los místicos, cuidadosos de llevar una vida superior se obligan a seguir tres vías sucesivas. La primera, llamada purgativa, tiende a la purificación moral (Aprendizaje); la segunda, que desenvuelve en el creyente la inteligencia de los misterios, está designada como iluminativa (Compañerismo); y la tercera, en el curso de la cual el querer individual se confunde con la voluntad divina, se hace por este hecho unitiva (Maestría).

Pero el ideal unitivo del religioso, sea un cristiano, musulmán o budista, tiende a una absorción más o menos aniquilante en Dios. Pero los Iniciados tendían a la apoteosis por semejanza a los dioses, considerados como inteligencias inmateriales, que gobiernan al mundo por encima de la humanidad que hormiguea en la superficie del globo. Es en este sentido en el que Pitágoras exhorta a sus discípulos a divinizarse: «Cuando en fin, dejando tu cuerpo aquí abajo, hayas tomado tu libre vuelo hacia el cielo, desde este momento imperecedero, serás un dios inmortal al abrigo de los golpes de la muerte»[18].

La inmortalidad pitagórica excluye, desde luego, todo reposo eterno y toda beatitud perezosa. Los dioses tienen su función en la vida universal: trabajan en un plano superior, porque si no trabajasen, perderían toda razón de ser y cesarían de existir. Hay solidaridad absoluta en lo que es, donde la vida no pertenece sino a lo que obra por el bien del conjunto. El egoísmo es un error que conduce necesariamente a la muerte, puesto que aísla de la vida universal, cuya corriente corta. En cuanto a la inacción, es sinónima de anonadamiento: el reposo definitivo equivale a la Nada. En estas condiciones no hay otro recurso, para hacerse inmortal, que asociarse a las potencias que rigen al mundo.

A este efecto, no es indispensable conocer a las potencias que los hombres se representan a su imagen, llamándolos dioses, espíritus o demonios.

---

[18] A. Siouville: *Los Versos de Oro de Pitágoras*. Colección del «Simbolismo». París 1913.

Los Maestros —porque así los designan los Iniciados— se envuelven en un misterio impenetrable; permanecen invisibles detrás del espeso telón que nos separa del más allá. Pero, si el velo no se levanta para nosotros, nos es permitido aproximarnos a él y entrar en relaciones con la fuente de nuestras más fecundas inspiraciones. Sepamos escuchar la voz de los Maestros que no desean sino instruirnos en el silencio y en el recogimiento[19].

No se trata en este caso de nigromancia o de evocación de los muertos, según los principios de la antigua magia o las prácticas corrientes del moderno espiritismo.

Lo que sobrevive de los muertos es su pensamiento, es el ideal al cual consagraron su vida. Nuestros Maestros son todos los mártires de la idea, los artesanos del progreso humano que existieron y han desaparecido. Entre ellos y nosotros que proseguimos su obra, se establecen misteriosas comunicaciones. Siempre escondidos, estimulan ocultamente nuestro pensamiento en la búsqueda constante de la Verdad y sostienen nuestra voluntad en la lucha incesante que nos está impuesta.

Cuando el Aprendiz se sumerge valerosamente en las tinieblas para buscar la luz, es un Maestro invisible el que lo guía de prueba en prueba, preservándolo del peligro. El Compañero no será ya guiado de la misma manera, porque él debe saber dirigirse por sí mismo, aprovechando la experiencia de sus mayores que se hacen para él los intérpretes de la sabiduría de los Maestros. Pero éstos, los verdaderos Maestros, ya no son obreros que tallan blocks y los ajustan en su lugar en el gran edificio: ellos no trabajan sino en los

---

[19] Ver *La Leyenda de Astrakhasis*, el hombre de las orejas finas, el buen escuchador que protege Ea, la Sabiduría Suprema.

planos, es decir, intelectualmente, concibiendo lo que debe construirse. Estas son las Inteligencias constructivas del Mundo, potencias efectivas para los iniciados que entran en contacto con los Superiores Desconocidos de la tradición.

## El misterio de la individualidad

Aparecemos transitoriamente en el teatro del mundo para desempeñar en él un papel determinado; pero no podemos entrar en escena sino disfrazándonos con una personalidad[20]. (Persona en latín significa máscara, y por extensión rol, actor). Pedimos prestado a este efecto un organismo a la especie animal más refinada del planeta, después nacemos con las características de una raza para soportar en seguida las influencias del medio nacional y familiar. Así se constituye el personaje que representamos: éste tiene su nombre y cree reconocerse gracias al espejo ante el cual se caracteriza. Es un singular actor, que desempeña su papel con una convicción absoluta, puesto que se identifica por completo con el personaje representado.

La representación, sin embargo, está limitada; cuando cae el telón, el actor cesa de representar y vuelve a su vida real. Poco importa entonces el personaje que encarnaba para las necesidades de la obra: rey o mendigo, señor o lacayo, todo no era sino convencional. Ahora no queda sino un artista más o menos satisfecho de su modo de representar y de interpretar el pensamiento del autor.

Fascinado por lo que hiere los sentidos, el individuo ordinario pone en su papel toda su alma y lo vive, como si su verdadera vida se desarrollara sobre las tablas. Raros son

---

[20] Ver *El libro del Aprendiz Masón* y *El libro del Compañero Masón*.

los actores de la comedia humana que se dan cuenta de que representan y saben dedicarse a desempeñar bien sin ser engañados por su papel.

Estos sabios no se ilusionan ni por las riquezas de las decoraciones, ni con la suntuosidad de los trajes; tampoco no se conmueven fuera de razón con las peripecias del drama que se representa. Estos son iniciados que han sabido romper el encanto de las apariencias teatrales: saben que están disfrazados según las exigencias de su papel y no olvidan lo que son en la realidad de la vida.

Conocerse a sí mismo, bajo este punto de vista iniciático fue el gran problema de Sócrates. Si el individuo pudiera discernir lo que es él, detentaría el Arcano de los arcanos de tala filosofía trascendente. Un actor misterioso tiene el rol de nuestra personalidad. ¿Qué artista es éste que no se muestra sino en escena, revestido y enmascarado?

Si queremos saberlo obedezcamos al ritual. Tornemos mentalmente las espaldas al mundo objetivo o teatral y entremos en nosotros mismos, para sumergimos en la noche de lo subjetivo. Descendamos a los infiernos, a esa negrura indispensable para el buen éxito de la Grande Obra. Allí escuchemos las revelaciones del silencio y de la obscuridad; un dios se manifestará, si realmente hemos sabido morir para el mundo exterior, para el fenomenalismo que cautiva a los profanos.

Este dios no tiene nada de los ídolos que crea la imaginación; no está dentro del dominio de las formas, pero es esencialmente viviente y obrante: es el agente o el actor en toda la fuerza del término, entidad profundamente real con relación a los fantasmas falaces de las apariencias fenomenales.

## La divinidad humana

El Pensador que ha sabido discernirse a si mismo bajo la máscara de la personalidad, entra por este hecho en la vida iniciática. Ya no se contenta con la existencia ficticia del teatro y, sin descuidar su papel se preocupa de la vida seria del actor que ha terminado de representar. Esta vida es menos efímera que la otra. Nosotros no concebimos de ella ni el principio ni el fin; es divina y nos divinizamos participando de ella de una manera consciente. Depende, pues, de nosotros elevarnos hasta la divinidad tomando conciencia de nuestra verdadera naturaleza. La iniciación ha sido siempre el camino del santuario del Hombre-Dios. Ella enseña a desnudar la bestia humana aprisionada en el campo estrecho de la sensación material y pretende liberarnos, llamándonos a una vida superior de una amplitud ilimitada...

El Iniciado posee la vida real y permanente porque se ha desprendido de la apariencia transitoria para ligarse a la realidad durable. Poco le importa su destino teatral que subordina a la tarea más alta y más vasta de su individualidad. Trabaja como obrero de la Gran Obra en la transformación eterna de las cosas. Ahora bien, llenar una función de eternidad, consagrando a ella toda su energía, es vivir esa vida divina que realiza el ideal unitivo de los místicos.

Estos se equivocan cuando no comprenden que vivir es obrar. La vida no tiene ninguna existencia por ella misma: no vivimos por vivir, sino para cumplir una función del organismo universal. El iniciado se da cuenta de ello y quiere llenar su misión: aplica toda su inteligencia a discernir lo que se le ha pedido, resuelto de antemano a afrontarlo todo y a no evitarse ningún sacrificio para trabajar bien.

El masón que trabaja así se inmortaliza por su trabajo. Sabe que su personalidad no es nada y se desinteresa por ella. Pero se eleva hasta un principio interior de iniciativa que adivina sin poder conocerlo exactamente, dios desconocido en su misteriosa realidad: este es el yo trascendente, idéntico posiblemente en todos los seres que piensan.

Este yo no ocupa ningún lugar en el espacio ni podría ser delimitado en el tiempo; es, pues, de esencia divina. Así, es a los Iniciados a quienes se dirige el salmo LXXXII donde se lee en el versículo 6: «Yo he dicho: Vosotros sois Aelohim[21] y sois todos hijos del Soberano».

## La muerte

Cuando la representación ha terminado, el actor se quita la máscara (persona) y vuelve a ser él mismo. ¿En qué podría afectarlo esta vuelta a sí mismo? ¿Sería para él un desencantamiento la vida real? Eso no sucedería nunca al artista consciente de su arte que no es engañado por su propia representación. Un papel no es para él sino un incidente de su carrera y su ambición será desempeñar honorablemente múltiples empleos, representando siempre de mejor en mejor.

Lo mismo sucede al actor disfrazado con nuestra personalidad. Esta no le interesa sino en cuanto le proporciona la ocasión de probar su arte y de perfeccionarse en él. Si es artista vive para el arte y no para el papel que representa (persona), *vita brebis, ars longa*. Esto significa que la vida

---

[21] Aelohim significa «Atributos de Dios» en árabe. La Biblia dice «Dioses».

es corta si se limita a la personalidad pero participa de la permanencia del arte desde que se identifica con él.

En otros términos: no existe la muerte para el Artista.

El abandono de un organismo usado o deteriorado que se ha vuelto impropio para llenar su oficio, no representa para el obrero sino un cambio de utensilio de muy escasa importancia si sabe trabajar. El buen obrero no permanece nunca sin ocupación, aun en el dominio mezquino de nuestra agitación planetaria, con mayor razón en un orden superior de cosas donde nada se destruye, como nada se destruye en la física y en la química. Seamos fuerza creadora y no nos preocupemos por nuestro porvenir.

Cuando nuestra personalidad de estado civil se extingue, los rastros que deja no son sino de un interés mediocre. Para ella no es preciso esperar nada después de la muerte. ¡*Post mortem nihil*! Pero no debe confundirse el instrumento con el Obrero.

Por lo demás, ¿a qué aspira el Iniciado sino a transformarse? Siendo agente de transformación, ¿cómo temería él su propia metamorfosis? Para progresar y subir es preciso deshacerse de los impedimentos. Sepamos, pues, despojarnos de lo que nos hace pesados y ganemos en potencia lo que perdemos en densidad.

Renunciemos, por otra parte, a figurarnos la vida no personalizada, porque en este terreno todas las conjeturas son vanas. Basta con que la Acacia nos sea conocida, o sea que tengamos conciencia de la verdadera vida. Pero la rama reveladora es inseparable de la Escuadra y del Compás, instrumentos de mesura y de positivismo que determinan la estricta equidad de nuestros actos y el meticuloso rigor de nuestras concepciones teóricas.

Un masón no se perderá, pues, jamás en lo desconocido. El hará juiciosamente la parte del misterio y rehusará siempre erigirse en pontífice capaz de satisfacer todas las curiosidades. Sus convicciones permanecen en el orden práctico: no afirma sino a medida de lo que constata. Distinguiendo el lazo que liga toda vida a una vida más extensa, compara al individuo humano a una célula orgánica del gran organismo de la Humanidad. Este ser colectivo corresponde al Gran Adam de los Kabalistas; vive esa vida superior prometida a los Iniciados que saben morir en su personalidad profana.

## La inmortalidad

Bajo la multiplicidad de las apariencias exteriores infinitamente variadas, se oculta una realidad interior cuyo atributo esencial es la unidad. Esto es lo que ha hecho decir a los antiguos, uno en el todo. Ellos concebían una substancia única, disimulada bajo los aspectos, constantemente diversificados de la materia. Como creían, por otra parte, que una sola y misma vida circula a través de todos los seres vivientes, admitían por analogía que una sola luz intelectual se manifiesta en todas las inteligencias.

Somos más o menos inmortales en la medida en que nos ligamos a la Unidad fundamental de los seres y de las cosas. Si la universalidad repercute en nuestro centro animador, participamos de lo permanente y de lo imperecedero. Si al contrario, sólo se refracta lo transitorio en nosotros, no hay ninguna razón para que sobrevivamos a lo que en su naturaleza misma es efímero y fugitivo, o temporal, como dicen los místicos.

En desacuerdo con los Iniciados, los místicos se figuran una vida eterna distinta a la que llevamos en este bajo mundo. Ellos no comprenden que la vida es necesariamente Una y que vivimos desde ya en la eternidad: lo que los engaña es que con relación a nuestra personalidad la vida única se desdobla según aparezcamos en la escena de la objetividad o que nos retiremos de ella momentáneamente. Estas fases de retiradas son marcadas por el sueño y por la muerte, estados similares de los cuales el uno no es más alarmante que el otro. Mientras dormimos, el actor que, para desempeñar su papel ha entrado literalmente en nuestra piel, se desprende de ella y vuelve a ser momentáneamente él mismo. Pero al término de algunas horas vuelve a escena hasta el día en que renuncia al teatro y no reaparece más: entonces es cuando se produce lo que se ha convenido en llamar la muerte, simple incidente en vista del principio que en nosotros piensa y obra.

Como nada puede perderse o destruirse, toda actividad prosigue bajo otro modo de aplicación. Por eso la tradición masónica considera al masón muerto como llamado a trabajar en un plano superior. Había en él una energía consagrada a la Grande Obra, fuerza indestructible con el mismo título que toda otra fuerza. Esta energía es independiente del instrumento gracias al cual se manifestaba entre nosotros. Ella se transforma sin extinguirse; pero, si se quiere permanecer en el terreno iniciático, conviene no llevar más lejos la afirmación.

Si nos referimos al simbolismo del tercer grado, estamos separados del más allá por un velo impenetrable. Estamos organizados para trabajar en el dominio restringido que nos revelan nuestros sentidos. Dediquémonos, pues, a nuestra tarea, sin dejarnos distraer de ella por una curiosidad indiscreta en el estado presente de nuestra condición. El obrero (buzo) que se ha revestido con la escafandra en vista del trabajo que debe ejecutar debajo de las olas, haría mal en lamentar no ver los vastos horizontes de la superficie de las aguas. El debe contentarse con lo poco que percibe en las semitinieblas del fondo fangoso en que lo retienen sus suelas de plomo. El aparato del que es prisionero le permite operar en un medio que no es el suyo; mientras está ahí encerrado, el buzo se abstrae de sus recuerdos del aire libre a fin de dedicarse íntegramente a su labor. Este es también nuestro caso mientras estamos materializados. Es preciso entonces sacar el mejor partido posible de los órganos de que disponemos y esforzarnos en desempeñar concienzudamente nuestro oficio de buzos.

Sin embargo, no se ha pedido al buzo se convenza de que toda su vida se pase en el fondo del agua. No ha descendido ahí sino para cumplir una misión que se le ha impuesto arriba. ¿No sucederá lo mismo al misterioso actor quien, por la necesidad de una causa elevada, se ha embozado en nuestra personalidad?

Los antiguos sabios no han pretendido jamás ser más iluminados en esta materia que el común de los mortales. Ellos no se gloriaban de poseer ninguna sensibilidad anormal reveladora de los secretos del otro mundo o de la otra vida. La meditación los ponía en el camino de suposiciones razonables, sobre las cuales preferían guardar silencio, dejando a los adivinos y a las pitonisas las divagaciones sobre lo que es normalmente inconocible.

Lo que subsiste después de la muerte es, por otra parte, principalmente el Recuerdo. Dejar tras de si una memoria honrada debe ser la ambición de cada uno. Por más humilde que sea el papel, es preciso representarlo bien, el arte de vivir bien, es el supremo de todos: es el gran arte o arte real al cual se consagran los Iniciados.

El que ha vivido bien, se inmortaliza, aunque no sea sino bajo la forma de una influencia atávica feliz, corriente destinada a fortificarse, sobre todo si la descendencia es fiel al culto de los antepasados.

Este culto tiene sus raíces en un instinto muy seguro. Ha dado lugar a prácticas pueriles; pero es profundamente respetable en la pureza de sus principios. Debemos vivir de manera que dejemos detrás de nosotros un dinamismo de bien, herencia más preciosa que aquella sobre la cual el fisco percibe sus derechos. Esta sucesión inmaterial se abre, por otra parte, al beneficio de todos los que saben aprovecharla, sin que ningún interesado pueda ser frustrado.

La influencia benéfica ejercida así, no depende del ruido que ha podido hacerse alrededor de una personalidad. El silencio no tarda en producirse sobre los que más han hecho hablar de ellos. La gloria no es generadora sino de una miserable inmortalidad, imagen caricaturesca de la verdadera.

Sepamos vivir bien y la muerte no será para nosotros sino el medio de vivir siempre.

## La supervivencia

El que deja una obra tiene la sensación de que no muere por completo.

Desde que la humanidad ha sido capaz de reflexión, el hombre que no poseía todavía ni arte ni industria, hizo consistir la gran obra en la reproducción de la especie. Todo lo que se relaciona con la generación se hizo sagrado. Erigido en forma de menhir, la imagen del órgano viril se convirtió en el primer símbolo del poder creador; en el seno de la familia el padre se sintió divinizado, de ahí el patriarcado primitivo. Morir sin posteridad pasaba entonces por ser el peor de los infortunios, como si muriese por completo quien no dejaba nadie detrás de si para honrar su memoria.

Más tarde, el nómada se hizo sedentario y pareció participar de la vida del árbol que había plantado. El fundador de un hogar se convirtió en su dios lar y el reconocimiento público divinizó asimismo al constructor de un puente, de un acueducto o al individuo que había hecho un pozo. Los grandes llegaron entonces a querer inmortalizarse por formidables e indestructibles construcciones que debían servirles de tumbas. Las Pirámides son testigos de esta pueril ambición.

Más noble es la búsqueda de lo Bello que ha obsesionado a los humanos desde que se han elevado por encima de la animalidad. La necesidad de ornamentar los objetos, de darles una forma armoniosa, se manifiesta en los más antiguos vestigios del trabajo de los primitivos. Esta necesidad formó artistas enamorados de su obra digna de ser admirada de una manera durable por las generaciones futuras. Ahora bien, no está muerto quien ha realizado la belleza: éste revive en todos los que tienen el mismo culto, en todas las almas que la armonía hace vibrar y de la cual se ha hecho el intérprete.

A las artes plásticas se sobreponen bajo este punto de vista la música y la poesía. En un lenguaje rimado, que la memoria retiene con agrado, los rapsodas cantaron las leyendas confiadas a la tradición oral. La escritura en seguida permitió fijar la palabra, y el arte de escribir apareció desde entonces como uno de los gajes más seguros de la inmortalidad.

Pero no es sino muy relativo en el dominio de la supervivencia basada en obras objetivas y tangibles. Las obras maestras perecen y olvidamos a sus autores. Lo que, por el contrario, no perece jamás es la acción buena y generosa efectuada en beneficio del gran número. Ella procede de una fuerza creciente sin cesar, que anima a los individuos.

Que éstos desaparezcan poco importa, si la energía que obraba en ellos subsiste. Desinteresémonos, pues, por una inmortalidad que nos representaríamos como individual. Nuestra personalidad se extinguirá y si más tarde los avocadores imaginaran entrar en relación con nosotros, no constituirían sino un fantasma semejante a las nociones que ellos podrían hacerse de nosotros. Exaltándose terminarían, tal vez, por hacer objetivo lo que ellos tienen en su mente, porque toda nigromancia no es sino una fantasmagoría en la que el operador hace los gastos.

Un Iniciado no evocará, pues, jamás, un personaje, cualquiera que sea. El continente, la máscara (persona) no es nada a sus ojos; no se interesará sino por el contenido, por la energía animadora que es la única imperecedera.

Esta energía es atraída por el deseo de obrar bien y de consagrarse en cuerpo y alma a la Grande Obra. ¿Quién, pues, obra en nosotros si no es la fuerza que animó a nuestros predecesores? Hiram que resucita es una realidad. Sepamos meditar y comprender.

## Las supersticiones

Sacudiendo el yugo de los prejuicios, la razón se rebela contra todo lo que no resiste la prueba de la crítica. Nada mejor; pero, ¿el juez que condena está cierto de encontrarse enteramente iluminado? Nada existe sin su razón de ser. Profundicemos, pues, antes de rechazar. Este método no es revolucionario; pero es iniciático. La juventud impaciente no se acomoda a él; pero la edad madura debe adoptarlo como regla. El Maestro no juzga sino con perfecto conocimiento de causa.

Si se ha penetrado de lo que simboliza el cadáver de Hiram, no despreciará nada de lo que es humano. Se guardará en particular de abrumar con un desdén irreflexivo todo lo que un racionalismo estrecho se apresura demasiado en rechazar como absurdo.

Nuestro razonamiento no tiene nada de infalible y su claridad no alcanza sino a un radio limitado. Todo está, por otra parte, muy lejos de ser explicado, por lo tanto una prudente reserva se impone, sobre todo respecto a las creencias tenaces, que se mantienen de siglos en siglos, a despecho de las religiones reinantes y de todas las filosofías de los grandes talentos. Estas son las supersticiones. Ahora bien, tomado en su acepción más amplia, este término se aplica a todo lo que sobrevive (*superstes*). Toda superstición, es pues, una supervivencia: la supervivencia de una costumbre o de una práctica tiene la noción de lo que primitivamente le dio nacimiento. Nosotros no sabemos ya por qué cumplimos los actos sociales de la vida corriente, que, sin embargo, han sido lógicamente determinados en su origen. Actualmente los cumplimos mecánicamente, por obedecer a la costumbre y sin preocuparnos de su justificación racional. Nuestra vida es así un tejido de supersticiones, muy inocentes en su mayor parte.

Otras lo son menos puesto que, lejos de pasar desapercibidas, chocan a los amigos de la razón. Es aquí donde el

Maestro-pensador se distingue del Aprendiz que se ejercita en razonar. Una superstición mantendrá la atención de los espíritus reflexivos tanto más cuanto ella aparezca más esparcida, más antigua y más grosera. Está permitido, en efecto, decirse a priori que, si la verdad absoluta se nos escapa, no sabríamos, por otra parte, encontrarnos en presencia de un error total amplia y durablemente acreditado entre los hombres. Estos no adhieren con obstinación, a despecho de todos los buenos razonamientos, sino a las nociones que no son enteramente falsas, pero cuya verdad inicial ha sido desfigurada. Lo mismo que imperceptibles pepitas de oro que son acarreadas por el lodo de los ríos, hay verdad en el fárrago grotesco de las supersticiones. Sepamos, pues lavar el barro de las edades para desprender de él el metal precioso.

No olvidemos que nuestros ritos y nuestros símbolos nos han llegado bajo la forma de supersticiones, es decir, de supervivencias conservadas con piedad, mientras que nadie podía darles una interpretación lógica. Por otra parte, el pasado no nos ha entregado todavía todos sus secretos. Merece ser estudiado en aquellas de sus supervivencias que más nos desconciertan. Ya a la luz de un conocimiento mas profundizado de las facultades humanas, no nos encojamos de hombros ante la relación de las hazañas atribuidas a los hechiceros. Sabiamente, procuremos hacer la parte de las imaginaciones exaltadas, esforzándonos en desprender lo verosímil de lo ficticio. Las creencias populares recogidas hasta entre los salvajes, proporcionan inestimables indicaciones sobre lo que se podría llamar la revelación natural. Hay allí un inmenso dominio de investigación que el Iniciado no debe descuidar si quiere realmente recobrar la Palabra Perdida. El cadáver de Hiram está delante de nosotros: inclinémonos sobre él, levantémoslo y volvámoslo a la vida, infundiéndole la nuestra en lo que no desea sino hablar para instruirnos.

## La construcción individual

Está comúnmente admitido que la iniciación antigua conducía más particularmente a dos grandes secretos que se referían, el primero a la existencia de un Dios único, síntesis de todas las divinidades adoradas por el vulgo, y el segundo a la inmortalidad del alma humana.

Como el método iniciático rehúsa inculcar nada, no es admisible que una doctrina positiva haya sido enseñada en el seno de los Misterios.

El adepto tiene por misión descubrir por sí mismo lo que le conviene admitir como verdad. Sus maestros se guardan bien de formular dogmas que tengan la pretensión de resolver los problemas que plantean ante la inteligencia humana. El Iniciado se consagra a la persecución incesante de una verdad que sabe no alcanzará nunca. Deja, pues, a las religiones y a los sistemas de filosofía el cuidado de satisfacer a los curiosos, quienes, incapaces de toda investigación personal, reclaman soluciones autorizadas, garantizadas por una iglesia respetable o por una escuela que goce de prestigio requerido.

Lejos de evitar el trabajo de pensar, la iniciación incita a reflexionar. Plantear con lucidez los problemas le importa mucho más que resolverlos. Sin duda, interrogando los números conforme a los preceptos pitagóricos, llegamos a concebir la unidad de un principio universal activo e inteligente. Nos es permitido edificar sobre esta base la metafísica de nuestra elección; pero no tendremos el derecho de erigir nuestras vistas personales en doctrinas de Iniciación. En lo que concierne al Grande Arquitecto del Universo, es preciso darse cuenta bien que esta expresión no tiende ningún modo a imponer una creencia. Los constructores debían ser muy naturalmente conducidos a representarse el mundo como un inmenso taller de construcción. Concluyendo de lo pequeño a lo grande, no dudaron en persuadirse de que todo se construye; el conjunto del trabajo de la naturaleza no tiende sino a construir seres de más en más perfecto. Esta concepción considera todo organismo como una construcción y al hombre mismo, por consiguiente, como un edificio animado.

El simbolismo masónico coloca más lejos aún la analogía, sugiriendo que el microcosmo, o mundo en pequeño, se construye él mismo, igual en todo como el macrocosmo o mundo en grande. Tendríamos, pues, en nosotros un arquitecto que obra en su esfera según la voluntad del Gran Constructor Universal.

Los Hermetistas, cuyas alegorías se inspiran en la química, hacen residir la energía constructiva de todo individuo en lo que ellos llaman su Azufre, ardor interno expansivo, que determina el desarrollo del germen, el crecimiento y la completa expansión del ser. Este principio misterioso pasa de potencial a actual por el efecto de la fecundación. Esta produce una multiplicación rápida de la célula fecundada, cuya descendencia se diferencia más y más, adaptándose a las funciones complejas de la colectividad que se constituye. Cada uno de nosotros es una Humanidad en pequeño, descendiente de un óvulo originariamente macho y hembra. Es así mismo posible encontrar en la vida intrauterina la fase correspondiente al estado edénico de la leyenda bíblica.

Como quiera que sea, el organismo se edifica, no al azar, sino según ciertas reglas del arte que tienden a formar un individuo normal, robusto y bien adaptado al papel que debe desempeñar. Hay en eso reglas generales de arquitectura impuestas por la tradición de la especie. Todo se sucede como si el germen individual obedeciera a una sugestión constructiva, llamando a cada célula a llenar una función determinada por el interés del conjunto. Hay en eso intención y previsión, o dicho de otro modo, ejecución de un plan preconcebido. Esto es verdad en toda construcción vital por ínfima que sea. El más pequeño vegetal procede de una idea-tipo según la cual se construye. La construcción humana, más compleja, se inspira también en un tipo general y durable de raza, particularizado de una manera más efímera en las familias. El individuo es el producto transitorio y repetido de una causa constructiva permanente Guardémonos, pues, de ceder ante esa pereza de espíritu que confunde al Grande Arquitecto de los Iniciados con el Dios de los creyentes. La construcción universal es una realidad. Los seres grandes y los pequeños se construyen cada uno según el plan ideal de su especie, modificado en sus detalles a fin de corresponder a la destinación particular (destino) de los individuos. No se trata de eludir los problemas, sino de buscarles la solución con toda libertad de espíritu. Para profundizar el misterio es preciso fijarla y no sólo rodearlo. Para el Pensador todo es materia de reflexión: no teme ni aventurarse en la obscuridad para coger lo que busca de las sombras, ni sumergirse en las tinieblas de lo insondable, si debe sacar de ellas elementos de luz. Hiram no resucita sino surgiendo de la tumba.

La flor de Lys reducida a sus elementos ideográficos. El signo convencional del término de la Gran Obra está coronado por un rombo que representa las realizaciones de orden espiritual, en oposición al cuadrado objetivo y material. Del Ternario anímico (agua, alma) se desprende así un Cuaternario ideal y dominador, que se mantiene en equilibrio por el follaje del Binario (B∴ y J∴). El conjunto da la razón a los heráldicos que en otro tiempo descubrieron la misión emancipadora de la Francia, nación llamada a dominar por la idea que ella ha sentido y hecha luz después al ayudarse del razonamiento riguroso (B∴) y de una fe ardiente y generosa (J∴).

# LOS DEBERES DEL MAESTRO

## Ser maestro de Sí Mismo

Llamados a asociarnos a la Grande Obra de la Construcción Universal, debemos ante todo entrar en posesión del utensilio necesario. Este instrumento de trabajo es nuestro organismo, construido en vista de la tarea que nos incumbe.

Es éste, un edificio cuyas piedras constitutivas son células vivientes; pero este conjunto, posee su autonomía fisiológica y la inteligencia soberana no gobierna jamás al animal de una manera absoluta. Sofocada por el instinto al principio de la vida, no se afirma sino poco a poco con la edad de la razón; después entra a luchar con las pasiones para no predominar sino tardíamente, cuando éstas se han calmado.

Hacerse maestro de sí mismo corresponde, pues, en una parte amplísima al programa de la vida. Tomamos posesión poco a poco de nuestros órganos y de nuestras facultades sin llegar, lo más a menudo, a realizar todas las posibilidades. Ahora bien, la iniciación nos invita bajo este respecto a sobrepasar la medida común: lo que distingue al

Iniciado, es que él se posee a sí mismo mejor y más completamente que la vulgaridad de los humanos. Pero la tarea es ardua; también las exigencias son proporcionadas al grado iniciático alcanzado.

Poniéndose al orden, el Aprendiz da a entender simbólicamente que se domina en materia cerebral, colocada en escuadra bajo el mentón, su mano preserva a la cabeza de toda agitación que suba del pecho donde hierven las pasiones. El nuevo Iniciado juzga con calma, imparcialmente, como buscador sincero y desinteresado de la verdad.

Pero no basta asegurarse una laudable serenidad especulativa. Si nos empeñamos en formarnos ideas lo más justas posibles, no es por el diletantismo, por el placer de la argumentación, o por complacernos estérilmente en una mentalidad superior. Si queremos ver claro, es a fin de obrar con discernimiento. La acción es nuestro fin y no la especulación. Ahora bien, no es el cerebro el que estimula nuestra actividad, porque ésta procede del sentimiento cuyo órgano simbólico es el corazón. Corresponde, pues, al Compañero, que es el realizador por excelencia, sobrepasar al Aprendiz en el dominio, de sí mismo. A la disciplina cerebral agrega la de la sentimentalidad: somete a la inteligencia las fuerzas que hacen obrar; las coordina sin debilitarlas y las aplica con criterio. Sus pasiones le sirven porque ha sabido dominarlas.

El Maestro concluye por someter todo lo que debe obedecer. Su maestría se extiende hasta los instintos que dominan a la bestia humana. No los suprime, porque son necesarios; pero los subyuga, como lo da a entender la actitud característica del tercer grado. De la garganta, la mano se lleva hasta colocarla sobre el corazón y finalmente sobre el vientre, sitio de los apetitos que el Iniciado reduce al silencio.

Bajo pretexto de una soberanía absoluta de la inteligencia, ciertas escuelas pretenden someter al organismo a un régimen de tiranía extraña al programa de la Iniciación verdadera. Sabiamente ponderada en todas las cosas, ésta no cae en ninguna exageración. Desdeña en particular la acrobacia psicofisiológica de los faquires, derviches y otros ascetas, que se traduce por efectos insólitos, buenos para conocer, pero no para buscarlos. El real Iniciado no piensa en maravillar a nadie, no se preocupa sino de la tarea que le incumbe y hace de la maestría su instrumento de acción únicamente para poder cumplir plenamente aquélla.

En sí mismo este instrumento no presenta sino un interés secundario. Mantenerlo en perfecto estado no es el objetivo del adepto que se consagra a la Grande Obra. El arte de evitar la decrepitud y de envejecer en pleno vigor de espíritu, no es, pues, la última palabra de la Iniciación, a menos que el elixir de larga vida no sea una quimera. Una sabia higiene física y mental prolonga la vida individual; hay viejos que poseen el secreto de rejuvenecerse muy naturalmente, sin recurrir a ninguna diablura. Las leyendas, como la de Fausto, son muy instructivas para el Iniciado hábil en extraer el espíritu aprisionado en la letra muerta. El mantenimiento de la salud física favorece, por otra parte, el perfeccionamiento moral. No le está, sin embargo, subordinado, porque puede ocurrir en casos excepcionales que el cuerpo deba ser sacrificado a una causa superior. El buen jinete cuida su cabalgadura y mide el esfuerzo que le exige; pero ante una necesidad de orden superior, cesa de preocuparse de la bestia.

# Profundizar

Nadie es Maestro si no posee el Arte a fondo. El Aprendiz, sólo puede contentarse con conocimientos rápidos, generales y superficiales; para él son las teorías y las certidumbres juveniles. Instruido por la práctica, el Compañero observa con cuidado y controla la enseñanza teórica, adquiriendo así poco a poco la experiencia que conduce a la Maestría. Esta, sin embargo, no recompensa al obrero sino cuando ha sabido elevarse hasta el genio del Arte que debe comprender y sentir.

Fiel a los principios reconocidos, el Compañero trabaja correctamente, según las reglas admitidas; pero no se permite innovar, modificar la aplicación de los principios fundamentales ni inaugurar nuevos métodos de trabajo.

Ahora bien, el Arte, como todas las cosas, evoluciona y se adapta a las necesidades, destinado como esta a progresar sin cesar. El progreso, en eso, es la obra de los Maestros que renuevan las tradiciones, apartándolas de la rutina. Lejos de todo servilismo, están animados por el puro espíritu del Arte y no temen reformar lo que lo fija en un estilo envejecido o lo petrifica en el ciego culto del pasado.

El artista vibra bajo la influencia del Arte que siente interiormente, tanto y tan bien que se hace su libre intérprete, identificado con la obra a la cual se ha dedicado. Pero el Iniciado se consagra al Grande Arte que es el de la vida; aspira, pues, a la maestría vital: es la Vida, la verdadera Vida, la que debe comprender y sentir.

Una juiciosa comprensión de la Vida es, en efecto, la base de toda sabiduría iniciática. El Pensador llega hasta sustraerse a la impostura de las apariencias exteriores que engañan a los espíritus superficiales. Su superioridad reside, pues, en su poder de profundizar.

Este poder, el Iniciado debe desenvolverlo; pero no obtendrá pleno éxito en ello, sino al fin de su carrera, cuando se aproxime a la Maestría. Tendrá siempre que luchar contra la ilusión que nos acecha en todo lo que nos es dado imaginar o apercibir sensiblemente.

Ir al fondo de las cosas; tal es el eterno objeto de la filosofía, la tarea esencial del Maestro Pensador. Es en el interior de la Tierra donde los Hermetistas debían buscar la Piedra oculta de los Sabios[22]. Estas mismas profundizaciones revelarán al masón la Palabra Perdida. Sólo a fuerza de descender se penetra en la Cámara del Medio donde resplandece la Luz Central explicativa de todos los enigmas. Únicamente la claridad sacada de las profundidades permite al Maestro iluminar a sus hermanos y prevenir así el asesinato de Hiram.

Si el instructor ha carecido de penetración, si no ha descendido hasta el hogar de la comprensión lúcida, los resplandores que ha recogido no bastan para hacer desistir al mal Compañero de su criminal proyecto. El complot se trama con la complicidad inconsciente de los falsos Maestros, que son ciegos que dirigen a otros ciegos. Una pesada responsabilidad gravita, pues, sobre el masón que se decora con las insignias del 3er grado, si no trabaja en asimilarse la plena inteligencia del Arte. Es culpable de las faltas que se cometen porque no ha sabido evitarlas. El que llega a ser Maestro contrae la obligación de trabajar, no tan simplemente para sí, sino sobretodo para los demás. Tiene a su

---

[22] Ver en *El libro del Aprendiz Masón* la interpretación de la palabra «Vitriolo».

cargo inteligencias que dirigir, porque debe a los Aprendices y a los Compañeros la luz indispensable para el cumplimiento de su tarea.

No es, pues, para dedicarnos al reposo que hemos alcanzado a la cúspide de la jerarquía masónica. Debemos redoblar en ella nuestros constantes esfuerzos a fin de que nada de lo que concierne al Arte permanezca obscuro para nosotros. Mientras que los obreros reposan de las fatigas del día, corresponde al Maestro velar en el silencio de la noche, a fin de absorberse mejor en profundas meditaciones que iluminan el presente y hacen prever el porvenir a la luz del pasado perspicazmente evocada.

## Escuchar a otros

En Iniciación todo se cumple por alternativas, como lo recuerdan las columnas fundamentales B.·. y J.·., que corresponden a los dos platillos de la balanza que mantienen sin cesar el equilibrio necesario. Ahora bien, habría ruptura de este equilibrio si el Maestro se limitara a meditar no apelando sino a la iluminación interior. La meditación silenciosa tiene su complemento y a veces su correctivo, en la libre discusión que es tanto más fecunda cuanto las ideas cambiadas son más opuestas. Lejos de rehuir la contradicción, el Pensador sabrá, pues, buscarla. No temerá ir a instruirse cerca de los adversarios que supondrá de buena fe. Colocándose en el punto de vista de éstos, descubrirá la debilidad de su argumentación, encontrándose muy a menudo conducido a ensanchar sus propias opiniones.

Es así cómo el Maestro se elevará más y más en el dominio de la comprensión; cogerá el pensamiento de otro, para retener de él lo que esté de acuerdo con el suyo. La incesante preocupación de asimilarse la Verdad, cualquiera que sea su fuente, desenvolverá por otra parte, en él el sentimiento de la Tolerancia, virtud esencial del verdadero francmasón.

Una minúscula trulla de plata, llevada sobre el corazón, designaba, en otro tiempo, al Iniciado ante quien cada uno podía explicarse sin reserva, cierto de dirigirse a una inteligencia que sabe comprender y a un corazón abierto a todos los sentimientos nobles. Es preciso que el Maestro justifique su insignia, si no quiere aparecer como impostor ante aquellos que se dirijan a él bajo la fe de los símbolos.

Guardémonos, pues, de denigrar sistemáticamente lo que ignoramos. Si condenamos al adversario sin haber pesado sus argumentos, persuadidos de que él no puede estar sino en lo falso, seremos nosotros los que caeríamos en el error. Toda opinión ampliamente esparcida, encierra verdad, porque es la verdad la que cautiva al espíritu humano, aunque se oculta bajo exterioridades groseras. Ninguna creencia es despreciable, porque ninguna es falsa de una manera absoluta.

El iniciado se complace, pues, en escuchar con benevolencia a todos los que creen tener razón. Frecuentará los creyentes ávidos de convertirlos a su religión o los filósofos cuidadosos de propagar su sistema. Inspirándose en los sabios de la Antigüedad, irá a golpear la puerta de todos los santuarios y no desdeñará ninguna escuela. La controversia lo instruirá, porque discutirá, no para convencer, sino para desprender por todas partes de su ganga el metal puro, cuyas pepitas dispersas recogerá.

Los más humildes medios pueden contribuir así a enriquecer al Iniciado, siempre que sepa interesarse en la especialidad de cada uno, descubriendo por todas partes la materia prima de la Grande Obra. Bajo este respecto el sabio descubre en todo lugar y en abundancia lo que el necio no alcanza a encontrar en ninguna parte[23].

## Perder toda ilusión

Pagarse de palabras sonoras y de vanas apariencias no es muy a menudo sino propio de espíritus que se pretenden serios y positivos. Aprendiendo por todas partes, sin cesar de profundizar, el Pensador efectivo se escapa de esta engañifa. Como nada abusa de él, llega a concebir la realidad despojada de las exterioridades seductoras que la adornan a los ojos del vulgo. La visión penetrante del sabio percibe el esqueleto de las cosas. Tal es el sentido de las osamentas que tapizan la Cámara del Medio.

El Maestro hace abstracción del decorado sensible que disfraza una verdad interior entristecedora: él no se ilusiona por nada y dicta un fallo implacable aún sobre lo que más ama.

Bajo este respecto se juzga desde luego a sí mismo sin complacencias. Reconociendo sus defectos y sus debilidades, se guardará bien de atribuirse una superioridad sobre sus compañeros de miseria.

El individuo no posee de propio sino el deseo más o menos intenso y constante de realizar su ideal por sus actos.

---

[23] Los Filósofos herméticos son dados a multiplicar los enigmas relativos a su materia prima que está a la vez en todas y en ninguna parte. Los pobres, dicen, la poseen tan bien como los ricos. Conocida de todos es de todos desconocida. El vulgo la arroja con desprecio, mientras que es precisamente recogida por el filósofo. (Ver Oswald Wirth: *El simbolismo hermético en sus relaciones con la alquimia y la francmasonería*).

Sólo este sentimiento íntimo hace nuestra grandeza efectiva. Mantengámoslo con cuidado, persuadidos de que bajo las exterioridades más humildes, encontramos a cada paso a nuestro superior.

Juzguemos también a las instituciones a que pertenecemos. No tengamos la superstición de creer que somos libres porque nuestros antepasados han muerto por la libertad. La independencia no es transmisible por herencia: es preciso sacudir el yugo cada día para hacerse y permanecer libre. Bajo una infinidad de formas pérfidas, la esclavitud nos acecha sin cesar; se impone a nuestro espíritu si la pereza intelectual nos impide buscar por nosotros mismos la verdad; nos paraliza moralmente si nuestra voluntad se adormece en las preocupaciones egoístas; se nos impone, en fin, políticamente, desde que descuidamos nuestros deberes y olvidamos nuestra dignidad de ciudadanos.

Se ha reprochado a menudo a la francmasonería ocuparse demasiado de política. En realidad ella no ha sabido intervenir como habría debido. Las logias no están destinadas a hacer el oficio de comités electorales y aún menos de agencias que procuran favores del gobierno; pero deben ser hogares de educación democrática. Es en su seno donde debe formarse el sacerdocio de la religión republicana, porque la Patria, la Cosa pública (Res-pública), es digna de un culto que corresponde a los francmasones instituir.

Su misión en eso es predicar con el ejemplo por la práctica de las virtudes republicanas. Esas derivan del valor cívico aplicado a la defensa del interés general. Celoso de su soberanía, el ciudadano se siente herido por todos los abusos. Lejos de hacerse cómplice de ellos por su silencio o pactando con aquellos que los aprovechan, no vacila en sacrificar sus ventajas personales, combatiendo con firmeza todo lo que tienda a corromper las costumbres públicas. Los pueblos no tienen sino los gobiernos que se merecen. Si ellos mismos son corrompidos no pueden esperar ser gobernados con integridad.

Sujetémonos, pues, a ser puros individualmente. No solicitemos favores de nuestros mandatarios, a fin de conservar el derecho de controlarlos con severidad, sin dejarles pasar la menor flaqueza. En una democracia cada ciudadano es responsable del bien común. No lo olvidéis vosotros que en calidad de Maestros debéis ser educadores. Para ser republicano, no basta votar cuando llega el día de hacerlo ni perorar en las reuniones públicas; la tarea es más ardua y más austera. La República no se contenta con ser proclamada, puesta en carteles como una etiqueta comercial: es preciso que penetre hasta la médula de los ciudadanos e instituciones.

Sepamos ver claro a este respecto y cumplamos nuestro deber, nosotros que, desengañados de las apariencias, aspiramos a sustituirlas por la realidad.

## Ejercer la Maestría

Para prestar a la nación todos los servicios que espera de nosotros como ciudadanos plenamente ilustrados, nos es indispensable estar a la altura de nuestro rol de masones con relación a la masonería.

En este dominio, como en todo otro, ninguna ilusión debe perturbar la limpidez de nuestro juicio. El organismo masónico tiene sus imperfecciones, sus taras y sus enfermedades curables, a las cuales el Maestro masón se empeña en ponerles remedios.

Como médico se dedicará desde luego a descubrir el mal, tomando nota de los síntomas alarmantes. Remontándose en seguida a la causa de las perturbaciones constatadas, se hará una idea del desorden y aplicará los remedios. Podrá suceder que la enfermedad sea grave y que hasta parezca incurable. Las cosas están a menudo en un punto en que se está tentado a no reconocer ya a la francmasonería en lo que lleva su nombre. Uno se encuentra entonces en presencia de asociaciones que insensiblemente se han desviado del ideal masónico, unas en un sentido y las otras persiguiendo una evolución diametralmente opuesta.

El masón instruido y animado del puro sentimiento masónico, llega así a buscar la verdadera masonería sin encontrarla realizada en ninguna de las agrupaciones existentes. En presencia de las desviaciones que lo ofuscan, se pregunta si la verdadera masonería no es una utopía, un sueño del dominio espiritual, irrealizable en la práctica, a menos que los hombres no hayan cesado de ser lo que son.

La iniciación exige que muramos para la vida profana, para renacer a una vida superior. Ahora bien, los masones se contentan con morir muy demasiado simbólicamente: el ceremonial iniciático les basta y olvidan conformarse al programa del cual es la presentación en escena alegórica. Resultado: la masonería no es sino simbólica y el masón no es sino el Símbolo de lo que debería ser.

Es preciso que eso no sea más así. La masonería únicamente ceremonial ha hecho su tiempo. Nuestra institución ya no está en su periodo de infancia en el que cumplía instintivamente piadosos ritos cuyo significado ignoraba. En lo sucesivo Hiram quiere revivir articulando la Palabra Perdida. La Tradición muerta, que la perpetuaba como un cadáver momificado, debe volver a tomar vida en nuestra comprensión y nuestra voluntad.

Reanimemos en realidad a Hiram. Concibamos a este efecto el puro ideal masónico, erigiéndole un altar en el santuario de nuestra inteligencia. Resucitaremos la sabiduría de las edades, evocando el espíritu que da un sentido viviente a las formas incomprendidas.

La masonería moderna no está destinada a permanecer en lo que ha sido. No ha podido realizar su ideal ni en el pasado ni en el presente; pero el porvenir que se abre ante ella está lleno de promesas. A la faz de inconsciencia infantil y de desenvolvimiento instintivo que marcan los dos siglos que tuvieron fin el 24 de junio de 1917, debe suceder una edad de razón y de discernimiento. La idea masónica no se ha traducido hasta aquí sino en gestos rituales efectuados sin convicción suficiente puesto que los «misterios» permanecían misteriosos.

Apresurémonos en hacerle perder este carácter. La noche del misterio tiene su fin ante las claridades del alba de los nuevos tiempos. Pero el día espiritual no se levanta sin nuestra participación activa: es la conjuración de los Maestros la que obliga al sol intelectual a abrirse paso a través de las brumas del horizonte.

Sepamos, pues, evocar la luz, a fin de que iluminando nuestra comprensión, nos permita enseñar y hacer comprender lo que hayamos profundizado.

Cuando haya en la masonería Maestros ilustrados, capaces de leer y escribir la lengua sagrada, entonces nuestra institución pasará del Símbolo a la Realidad.

Ella encarnará la Iniciación verdadera y construirá efectivamente el Templo de la suprema sabiduría humana. Haciendo apreciar todas las cosas en su justo valor, el masón plenamente instruido entonces no se atendrá más a la letra muerta de las más venerables de las tradiciones porque tomará de ella el espíritu vivificante que le permitirá ejercer verdaderamente la Maestría y consumar la gran transmutación de la ignorancia en saber y del mal en bien.

# CATECISMO INTERPRETATIVO DEL GRADO DE MAESTRO

P. ¿Sois Maestro?

R. Examinadme; la acacia me es conocida.

P. ¿Por qué respondéis así?

R. Porque la acacia es el símbolo de una vida indestructible, cuyos misterios me han sido revelados.

P. ¿Dónde habéis sido recibido Maestro?

R. En la Cámara del Medio.

P. ¿Qué lugar es ése?

R. El centro donde se encuentran aquellos que han sabido profundizar.

P. ¿Qué habéis visto al entrar?

R. Luto y consternación.

P. ¿Cuál era el motivo de esto?

R. El asesinato del Maestro Hiram.

P. ¿Por quién fue asesinado?

R. Por tres Compañeros perjuros.

P. ¿Este asesinato es un hecho real?

R. Es una ficción simbólica, profundamente verídica por la enseñanza que de ella se desprende.

P. ¿Qué enseñanza es ésta?

R. La pura tradición masónica, personificada por el arquitecto del Templo de Salomón, es constantemente puesta en peligro por la ignorancia, el fanatismo y la ambición de los masones que no han sabido comprender la masonería, ni dedicarse a su obra sublime.

P. ¿Qué visteis en el lugar donde fuisteis admitido?

R. La tumba de Hiram que una débil claridad alumbraba.

P. ¿Cuáles son las dimensiones de esta Tumba?

R. Tres pies de ancho, cinco de profundidad y siete de largo.

P. ¿A qué hacen alusión éstas cifras?

R. A los números sagrados propuestos a la meditación de los Aprendices, de los Compañeros y de los Maestros.

P. ¿Qué relación tienen esos números con la tumba de Hiram?

R. Esta tumba encierra el gran secreto de la Iniciación, que no se descubre sino a los pensadores capaces de conciliar los antagonismos por el ternario, de concebir la quintaesencia inteligible, disimulada bajo exterioridades sensibles, y de aplicar la ley del septenario en el dominio de la realización.

P. ¿Qué indicio hizo reconocer la tumba de Hiram?

R. Una rama de acacia plantada en la tierra recientemente removida.

P. ¿Qué significa esta rama verdegueante?

R. Representa la supervivencia de las energías que la muerte, no puede destruir.

P. Cuándo fuisteis conducido cerca de la tumba de Hiram, ¿qué hicisteis de la rama de acacia?

R. Me apoderé de ella por orden de mis conductores.

P. ¿Cuál es el sentido de esta acción?

R. Tomando la acacia me ligo a todo lo que sobrevive de la tradición masónica. Prometo así estudiar con fervor la masonería en todo lo que subsiste de su pasado, en sus ritos, sus usos y sus practicas, sin dejarme desalentar por un arcaísmo contrario al gusto del día.

P. ¿A qué prueba fuisteis sometido ante la tumba de Hiram?

R. Tuve que justificarme de la sospecha de haber participado en el complot de los asesinos del Maestro.

P. ¿Cómo habéis probado vuestra inocencia?

R. Aproximándome al cadáver, sobre el que he pasado sin temor, seguro de mi conciencia.

P. ¿A qué se refiere la marcha que habéis ejecutado?

R. A la revolución anual del Sol a través de los signos del zodíaco.

P. ¿Por qué no soporta ésta ninguna detención?

R. Porque ella es también la imagen de la vida terrestre, que se precipita con un solo impulso del nacimiento a la muerte.

P. ¿Cómo habéis sido recibido Maestro?

R. Pasando de la escuadra al compás.

P. ¿El compás está entonces más especialmente reservado a los Maestros?

R. Sí; porque sólo ellos saben manejar este instrumento con provecho.

P. ¿Qué uso hacen del compás?

R. Miden todas las cosas teniendo en cuenta las relatividades. Su razón fija como la cabeza del compás, se transporta sobre los objetos modificando la separación de las ramas que las unen. El juicio del Iniciado se inspira, no en rígidas graduaciones de la regla, sino en un discernimiento basado en la adaptación rigurosa de la lógica a la realidad.

P. ¿Cuál es la insignia de los Maestros?

R. La escuadra unida al compás.

P. ¿Qué significa la reunión de estos instrumentos?

R. La Escuadra controla el trabajo del masón quien debe obrar en todo con rectitud e inspirándose en la más escrupulosa equidad. El Compás dirige esta actividad iluminándola, a fin de que encuentre su aplicación más juiciosa y más fecunda.

P. Si un Maestro se perdiera, ¿dónde le encontraríais?

R. Entre la Escuadra y el Compás.

P. ¿Cómo interpretáis esta respuesta?

R. El Maestro buscado se distinguirá por la moralidad de sus actos y por la exactitud práctica de su razonamiento. Es desde este punto de vista que se mantiene entre la Escuadra y el Compás.

P. ¿Que buscan los Maestros?

R. La Palabra Perdida.

P. ¿Qué palabra es ésta?

R. La llave del secreto masónico, dicho de otra manera, la comprensión de lo que permanece ininteligible a los profanos y a los iniciados imperfectos.

P. ¿Cómo se ha perdido esa palabra?

R. Por los tres grandes golpes que infirieron a la tradición viviente de la masonería, Compañeros indignos y perversos.

P. ¿Cómo fue recobrada?

R. Habiendo sido asesinado Hiram, sus discípulos más fervientes resolvieron descubrir su sepultura, que les fue revelada por una rama de acacia. Convinieron entonces en desenterrar al muerto, observando la palabra que se les es-

capara a la vista del cadáver y el ademán que irresistiblemente hicieran a fin de adoptar la una y el otro como misterios convencionales del grado.

P. ¿Cuál es la nueva palabra sagrada que así sustituyó a
la antigua?

R. M. C. B. N. C.

P. ¿Qué significa?

R. Hijos de la Putrefacción o Hijos del Maestro muerto. Se
dice también: La carne se desprende de los huesos, lo que
corresponde a M. H. B. N., otra forma de la palabra del
Maestro.

P. ¿No se tiene ninguna sospecha de la palabra primitiva
que los conjurados tentaron en vano de arrancar a Hiram?

R. Se cree que correspondía al tetragrama cuya pronun-
ciación no era conocida sino del gran sacerdote de Jerusalem.

P. ¿Cómo se comunica la palabra sagrada de los Maestros?

R. Por los cinco puntos perfectos de la Maestría.

P. ¿Cuáles son?

R. Pie contra pie, rodilla contra rodilla, pecho contra pecho, las manos derechas unidas en garra, la mano izquierda
recíprocamente sobre los hombros.

P. ¿A qué hacen alusión?

R. A la resurrección de Hiram. La aproximación de los
pies indica de otro modo que los masones marcharán sin
vacilar al socorro el uno del otro; las rodillas que se tocan
prometen interceder en caso de necesidad; los pechos se es-
trechan en señal de compasión y de identidad en el modo
de sentir; las manos derechas juntas dadas vueltas tres veces garantizan el acuerdo en el trabajo en medio de todas

las vicisitudes; y en fin, las manos izquierdas preservan mutuamente de una caída posible.

P. ¿Cuál es el signo adoptado por los Maestros para reconocerse?

R. Es el gesto de horror que no pudieron reprimir al descubrir el cadáver de Hiram.

P. ¿Tienen otro signo del cual no deben abusar?

R. Sí, el signo de angustia, reservado para los casos de peligro extremo: Se ejecuta con los d... entrelazados y las m... dadas vueltas encima de la c... al grito de «A mí los H∴ de la V∴».

P. ¿Este signo no tiene una variante?

R. Puede ejecutarse con una sola mano, colocada cerrada sobre la cabeza y después abierta dedo por dedo, pronunciando: Sem, Cam y Jafet[24].

P. ¿Cuál es la viuda de que se dicen hijos los masones?

R. Es Isis, personalización de la Naturaleza, la madre universal, viuda de Osiris, el dios invisible que ilumina las inteligencias.

P. ¿Cuál es la palabra de pase del tercer grado?

R. T... La Biblia designa así a los talladores de piedra que colaboraron con los albañiles de Salomón y los de Hiram, rey de Tiro, en la construcción del Templo de Jerusalem (1er libro de los Reyes, Capítulo 5, versículo 18).

P. ¿Cómo llaman los Maestros?

R. Con tres golpes, de los cuales el tercero es más fuerte para recordar la muerte de Hiram; pero cuando esta batería

---

[24] Los hijos de Noé son los antepasados de las diferentes razas humanas a las cuales se extiende la francmasonería en su universalidad.

fue asignada a los Aprendices, los Maestros para distinguirse la repitieron tres veces[25].

P. ¿Qué edad tenéis?

R. S... años y más.

P. ¿Por qué esta cifra?

R. El Aprendiz principia en sus meditaciones por la Unidad y el Binario para apoyarse en el Ternario, antes de dedicarse al Cuaternario, cuyo estudio está reservado al Compañero. Este parte del cuatro para detenerse largamente en el cinco antes de abordar el seis y de prepararse para el estudio del siete. Corresponde al Maestro dilucidar los misterios del Septenario y aplicar el método pitagórico a los números más elevados. De ahí su edad iniciática que consiste en siete años y más.

P. ¿Cómo viajan los Maestros?

R. Del Oriente al Occidente y del Medio día al Norte, por toda la superficie de la tierra.

P. ¿Por qué?

R. Para esparcir la luz y reunir lo que esta disperso. En otros términos, para enseñar lo que saben y aprender lo que ignoran, contribuyendo por todas partes a hacer reinar la armonía y la fraternidad entre los hombres.

P. ¿Sobre qué trabajan los Maestros?

R. Sobre la plancha de trazar.

P. ¿Se limitan, pues, a preparar planos que otros deben ejecutar?

R. Los Maestros preparan el porvenir, que saben prever, basándose en la experiencia del pasado.

P. ¿Qué uso hacen los Maestros de la plana?

---

[25] La batería debería ser siempre de tres golpes: Ap.·. O-O-O, Comp.·. O-O-O, M.·. O-O-O.

R. Les sirve para disimular las imperfecciones del trabajo de los Aprendices y de los Compañeros.

P. ¿De qué es el emblema la plana?

R. De los sentimientos de indulgencia que animan al hombre iluminado, respecto a todas las debilidades cuyas causas comprende.

P. ¿Dónde reciben su salario los Maestros?

R. En la Cámara del Medio, es decir en el centro donde se ilumina la inteligencia.

P. ¿Cuál es el nombre de un Maestro Masón?

R. Gabaon.

P. ¿Qué significa este nombre común a todos los Maestros?

R. Los incita a preguntarse qué son realmente ellos porque el nombre fortuito que lleva nuestra personalidad no es el del maestro de nuestro organismo.

P. ¿Cuál es entonces el objeto de la Maestría?

R. Buscar el Maestro que está en nosotros en estado de cadáver inanimado, hacer revivir la muerte a fin de que obre en nosotros.

# NOCIONES DE FILOSOFÍA INICIÁTICA CORRESPONDIENTE AL GRADO DE MAESTRO

## Los misterios del número Siete

Para justificar su edad iniciática el Maestro no debe ignorar nada de las especulaciones que los antiguos basaban en las propiedades intrínsecas de los números. El Compañerismo ha debido conducirlo hasta el septenario haciéndole franquear las siete gradas del Templo[26]. Se trata ahora de partir de siete para elevarse a toda la serie de los números superiores.

Constatemos desde luego el prestigio excepcional de que goza el número siete. Ya los Caldeos, asignando siete pisos cúbicos a la torre de Babel, lo consideraban como más sagrado que todos los otros. El septenario en este edificio tenía por misión religar la tierra al cielo porque la divinidad se ejercía a los ojos de los magos por intermedio de una administración universal compuesta de siete ministerios.

---

[26] Ver *El libro del Compañero Masón.*

Estos departamentos correspondían a los astros que recorren la bóveda celeste como si fueran más activos que las estrellas fijas. Sol Q, Luna R, Marte U, Mercurio S, Júpiter V, Venus T y Saturno W, repartiéndose así el gobierno del mundo.

Personificado por los poetas para las necesidades de la dramatización mitológica, este septenario debía, por consiguiente, sutilizarse en el espíritu de los metafísicos. En su conjunto, el templo de Bel apareció entonces como el símbolo de la Causa primera inmanente, estando consagrada cada una de sus siete plataformas a una de las Causas Secundarias, organizadoras del Universo.

A estas causas septenarias es preciso atribuir la obra de la creación tal como se nos aparece en las cosmogonías, de las cuales el Génesis hebraico no es sino un espécimen particular. Estas causas coordinadoras han recibido su consagración en los días de la semana que les están dedicados como para perpetuar un culto que se remonta por lo menos a la civilización babilónica.

Esta nos ha transmitido, por otra parte, las nociones misteriosas que, bajo la forma de enseñanzas secretas, se han conservado en el seno de las escuelas de iniciación de Occidente, donde siempre ha sido entendido que la Luz nos viene del Oriente.

Así es cómo los filósofos herméticos han discernido siete influencias distintas que repercuten en todo ser organizado, ya se trate del Macrocosmo (mundo en grande) o del Microcosmo (mundo en pequeño), representado por el individuo humano, animal, vegetal o mineral. Es de notar a este propósito que ellos no consideraban al reino mineral como individualidad sino en los átomos, las moléculas químicas y los cuerpos siderales.

Por lo demás, una distinción se imponía entre la naturaleza elementaria, sometida al cuaternario de los elementos[27] y una naturaleza más afinada a consecuencia de su acuerdo vibratorio con las siete notas; que forman la gama de la armonía universal.

Conocer estas notas es de importancia capital para quien aspire a iniciarse en la música de las esferas que pretendía oír Pitágoras. Ellas corresponden a los días de la semana que, a despecho de las revoluciones religiosas, permanecen consagrados al septenario divino, concebido hace más de cinco mil años por los sabios a los cuales se remonta la era de la Verdadera Luz.

Si este septenario no procediera sino de los siete planetas y de los siete metales conocidos de los antiguos, no habría para qué hacer mucho caso de él actualmente. Pero se justifica mucho más por el estudio del hombre que por las observaciones astronómicas primitivas o por una metalurgia todavía en la infancia. Entre los hombres de una misma raza se distinguen, en efecto, siete tipos caracterizados muy netamente en lo físico como en lo moral. Los quirománticos y los astrólogos nos han conservado a este respecto tradiciones que no son de desdeñar, porque hacen la aplicación de una ley general del septenario de la cual deben coger todo su alcance los Iniciados. Estos no llegaran a la Maestría sino se dan cuenta de que todo es a la vez uno, triple y séptuplo. Ensayemos el sistema de estimular por algunos esquemas la sagacidad del lector.

---

27 Véase *El libro del Aprendiz Masón* y *El libro del Compañero Masón.*

# La Triunidad Septenaria

Prendidas en forma de triángulo, tres rosetas de seda azul o roja decoran el mandil de los Maestros. Simbólicamente éstas son anillos que se complacen en aproximar y entrelazar para formar una triunidad que resulta ser septenaria.

Nada más simple que este trazado mudo, evocador de conceptos filosóficos cuya exposición llenaría una serie de volúmenes. Contentémonos aquí con indicaciones concisas destinadas a guiar a los aspirantes a la verdadera Maestría intelectual.

1.º Círculo de Oro: Sol ∴, centro inmutable y fijo de donde irradia toda actividad. Espíritu que anima la materia. El azufre de los alquimistas. Fuego interior individual. Generador del color rojo: sangre, acción, calor y luz.

2.º Circulo de Plata: Luna ☾, astro cambiante, espejo receptivo de las influencias; molde que determina toda formación. La substancia pasiva, esposa del espíritu. El Mercurio de los Hermetistas ☿, vehículo de la actividad espiritual que penetra toda cosa. El espacio color azul: aire, sentimiento, sensibilidad.

3.º Círculo de Bronce o de Plomo: Saturno ♄, el dios precipitado del cielo que reina sobre todo lo que es pesado. Materialidad, positivismo, pesadez realizante. Color amarillo que tiende a obscurecerse, inclinándose al moreno y después al negro: la armazón ósea, la base sólida de toda construcción, la roca que provee la piedra bruta, plinto de partida de la Grande Obra.

4.º Superficie de interferencia del 1º y del 2º: el Hijo nacido del matrimonio del Padre y de la Madre, Júpiter ♃, a quien está consagrado el estaño, el más liviano de los metales. Opuesto a Saturno a quien destrona, este dios corresponde a la espiritualidad. El es quien decide y ordena, proyectando el rayo de la corriente voluntaria. Color púrpura o violeta (complementario del amarillo): idealidad, conciencia, responsabilidad, gobierno de si mismo.

5.º Espacio central donde los tres colores se sintetizan en luz blanca: estrella radiante, Mercurio de los sabios ⚷, quintaesencia. El lazo sutil de la personalidad, Éter viviente sobre el cual todo resuena. El fluido de los magnetizadores, el gran agente mágico.

6.º Dominio de interferencia del 2º y del 3º: Venus ⏅, la vitalidad, la humedad generadora de los seres. Color verde: dulzura, ternura, sensibilidad física.

7.º Interferencia del 1º y del 3º: la actividad material. Marte ∪ la necesidad de acción, el dinamismo que gasta y que consume la energía vital. El fuego que devora, color de llama, amarillo, rojo escarlata: instinto de conservación, egoísmo, ferocidad, pero también potencia incansable de realización. El septenario así diseñado se encuentra hasta en los siete pecados capitales, cuya distinción descansa en datos iniciáticos:

1.º El orgullo, perjudicial cuando procede de una vanidad frívola, se liga al Sol, que deslumbra a los débiles.

2.º La pereza, proviene de la pasividad lunar, languidecida en inercia abusiva.

3.º La avaricia es el vicio de los saturnianos[28], previsores y prudentes hasta el exceso.

---

[28] Tipo humano particular, lo mismo que existen jupiterianos, mercurianos, solarianos, lunáticos, marcianos y venusianos.

4.º La glotonería se reprocha por el contrario a los Jupiterianos, personas hospitalarias y generosas que no se olvidan de si mismas.

5.º La envidia atormenta a los mercurianos inquietos que nunca están satisfechos y no pueden impedirse de ambicionar con vehemencia lo que no poseen.

6.º La lujuria nace de la exageración de las cualidades de Venus.

7.º La cólera, en fin, es el defecto de Marte, que exalta la violencia y las iras. Se notará que 1 se opone a 6, 2 a 7 y 3 a 4, mientras que 5 no está en oposición con nadie en particular, asegurando así el equilibrio general.

Es también de notar que si se suprimiera uno de los siete pecados capitales, el mundo dejaría de existir. Nada demuestra mejor la importancia del septenario, tal como lo conciben los Iniciados.

## El equilibrio

De la comprensión de Siete, es fácil pasar a la inteligencia de ocho, si se ha escogido exactamente el significado de las columnas B∴ y J∴. Siete es, en efecto, a ocho lo que B∴ es a J∴.

Siete establece, funda, crea, organiza, coordina, armoniza, produce.

Ocho consolida, mantiene, preserva, distribuye el orden y conserva la armonía. Es el número de la estabilidad, que lleva al estado estático lo que emana de siete en el estado dinámico. Siete aclara el caos y construye el mundo (Macrocosmo y Microcosmo) del cual ocho reglamenta la vida y el funcionamiento. El progreso resulta de la acción septenaria que dirige los movimientos combinados; pero los dinamismos se oponen entre ellos para realizar el equilibrio, como lo indica el ideograma escogido por los Acadios para designar los nombres divinos:

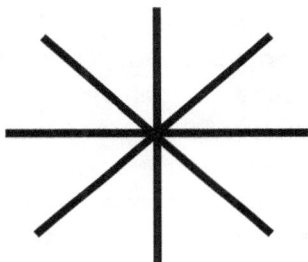

El signo determinante de nombres divinos asirio-babilonios. En los textos escritos en caracteres cuneiformes, este ideograma anuncia que la palabra que sigue es el nombre de un Dios o de una Diosa.

No estamos ya aquí en el dominio de la iniciativa generadora (B∴), en la inestabilidad motriz y operante, porque todo se contrapesa en este trazado, como si toda acción debiera ser neutralizada, en vista de estabilizar alrededor de un punto fijo un conjunto de energías mutuamente mantenidas en jaque (J∴). Siete corresponde a Marte ∪ el ardor operante y Ocho a Venus ⊡ la humedad que mantiene la Vida. Siete se refiere al principio macho, fecundador, al Fuego universal invisible que anima y construye misteriosamente todas las cosas, mientras que Ocho evoca la substancia femenina fecundada, Isis, la esposa de Osiris, dicho de otra manera, la Naturaleza, personificada por Ishtar, Astarté o la Artemisa de Éfeso.

Ahora bien, la Gran Diosa, alimentadora de los vivos, era servida según los Fenicios, por ocho dioses secundarios, llamados Kabirim (Fuertes, Poderosos). Este número es significativo, porque no podría aplicarse a los agentes coordinadores del caos, a las Causas segundas constructivas de la Trinidad necesariamente septenaria. Apareadas simétricamente, las oposiciones que obran se contrarían en la octoada y tienden a la inmovilidad relativa y a la fijeza con relación al centro. Las energías en juego son, pues, esencialmente conservadoras, tanto que podemos ver en los Kabirim las potencias que aseguran el buen funcionamiento del mundo que han contribuido a construir. Se les pedía socorro contra el desencadenamiento de los elementos y los marinos contaban con su protección en el peligro de la tempestad. Creían verlos manifestarse en la punta de los mástiles bajo forma de luz, conocida después bajo el nombre de fuego de San Telmo.

El culto de estas divinidades se transmitió a los Griegos, quienes instituyeron en su honor los misterios de Samotracia; después la devoción a los Cabires se esparció en el mundo romano.

Pero, al vulgarizarse, la doctrina iniciática debía obscurecerse. Los dioses demasiado enigmáticos de los Sirios fueron helenizados en cuanto a hijos o nietos de Heephaistos, más conocido bajo el nombre de Vulcano, el dios del trabajo subterráneo y del fuego interior. Se le atribuye como madre a una hija de Protes, la emanación marina que toma todas las formas vivientes, puesto que no es otra que la humedad vital. Estos hijos del fuego y del agua terrestre toman en la imaginación el aspecto de gnomos herreros que manejan martillo y tenazas. Ellos son los que provocan la ascensión de la savia vegetal, de ahí su afinidad con Demetrio (Ceres) y Dionisios (Baco) se hacen, bajo este punto de vista; los genios de la fertilidad.

¿Qué papel han desempeñado, por otra parte, en los misterios reveladores de los destinos del alma humana?

Ciertos grabados de espejos etruscos nos enseñan que uno de los Cabires fue muerto por sus hermanos mayores y después vuelto a la vida por Hermes con el concurso de los matadores. Esta resurrección ha sido asemejada a la de Hiram.

## La octoada solar

El número ocho que es el de los kabirim semíticos, se encuentra en el emblema babilónico del Sol, cuyos rayos se reparten en doble cruz. Verticales y horizontales, los primeros son rígidos y se refieren al cuaternario de los elementos, lo mismo que a los efectos físicos de la luz y del calor. Los rayos oblicuos indican, al contrario, por su ondulación que son vivientes; y como además, cada uno es triple, hacen alusión al duodecinario de las divisiones de la eclíptica, de la que se tratará más adelante.

El sol era mirado como uno de los siete grandes agentes coordinadores del mundo; pero se le atribuía también una influencia permanente esencialmente reguladora. El es el que asegura el orden de las estaciones, la sucesión regular del día y de la noche, tan bien que todo funcionamiento normal fue, por extensión, considerado como obra suya. El dios-luz tiene horror al desorden, que reprime por todas partes. Es así cómo favorece el razonamiento lúcido que coordina las ideas según las leyes de una sana lógica. Modera asimismo las pasiones, a fin de que no puedan perturbar la serenidad cuyo dispensador es. Interviene, en fin, hasta en el organismo que ofusca a Apolo cuando todo no funciona ahí como debiera. La medicina ha sido colocada, pues, bajo el patronato del dios regulador, cuyo hijo, Asclepios o Esculapio, tiene el poder de curar restableciendo la armonía del ritmo vital, vuelto discordante por la enfermedad.

La virtud solar tiende a disipar todos los males: ella hace penetrar la claridad en los espíritus, la paz en las almas y restituye la salud a los cuerpos. Su acción es reparadora, tanto que el Sol ha sido considerado como el gran amigo de los vivos, como su Salvador o Redentor. En esta cualidad, conviene agrupar su radiación en cruz o, mejor aún, en doble cruz. El cristianismo naciente se impregnó ampliamente de estas nociones muy antiguas.

Un sol cuyos rayos forman ocho haces, decoraba al orador de las logias del siglo XVIII. Este emblema designa muy correctamente al oficial que vela por la aplicación de la ley y debe hacer la luz en el espíritu de los neófitos sobre los misterios de su iniciación.

Notemos todavía que nuestra cifra 8 deriva de dos cuadrados superpuestos:

◇          ☐
◇          ☐

Esta última forma nos es dada por el Hhet fenicio:

**⊢┐**

octava letra del alfabeto primitivo que, simplificada, se ha convertido en nuestra H y en otra parte en la cifra 8. Esto nos lleva al cuadrilongo que representa la Logia, o más exactamente al santuario inviolable del supremo ideal masónico.

El número 8 es, por otra parte, el cubo de dos, lo que representa gráficamente la figura siguiente, que demuestra que un cubo no se hace cúbico por multiplicación sino realizando la Octoada, unidad superior en el dominio de las tres dimensiones. Ocho se torna así en el número de la cohesión constructiva, fuente de solidez de la Grande Obra Masónica.

## El triple ternario

Si es una logia, 8 es el número del Orador, 7 conviene al Maestro que dirige los trabajos y 9 al H∴ Secretario, encargado del trazado que asegura la continuidad de la obra.

Simbólicamente este trazado se ejecuta sobre una lámina (plancha) dividida en 9 cuadrados cuyo significado determina el orden numérico.

Las tres hileras de cifras corresponden a los grados de Aprendiz, de Compañero y de Maestro. Estas se refieren también a la Idea, a la Voluntad y al Acto. Las columnas verticales expresan, por el contrario, la triplicidad inherente a toda manifestación unitaria, en la cual se distinguen necesariamente tres términos:

1.º El Sujeto que obra, principio de acción, centro que emana, agente.

2.º E1 Verbo, la actividad, el trabajo. La emanación radiante, la virtud que opera.

3.º El Objeto, el resultado, la obra ejecutada, el acto efectuado.

Aplicando estas nociones generales a cada uno de los términos del triple ternario, se llega a interpretaciones como las siguientes:

1. El principio que piensa, centro de emisión del pensamiento.

2. El pensamiento acto, la acción de pensar.

3. La idea, el pensamiento formulado o emitido.

4. El principio volitivo, centro de emisión de la voluntad.

5. La energía volitiva, la acción de querer.

6. La volición, el voto, el deseo.

7. El principio operante, que dispone del poder ejecutivo, que dirige y realiza.

8. La actividad que opera.

9. El acto ejecutado y su repercusión permanente. La experiencia del pasado, simiente del porvenir.

Las palabras no se prestan para explicar todo lo que sugiere a los Iniciados el agrupamiento de cifras. Estamos en el dominio de los secretos incomunicables: es preciso descubrir por sí mismo lo que no podría inculcarse o hacerse el objeto de una lección que se dirige a la memoria.

Se trata en suma de ejercitarse en la clasificación metódica de nuestras concepciones, evitando confundir los dominios o las categorías. Es, en buena parte, lo que se llama trabajar sobre la plancha de trazar (en los planos).

Lo importante es, por otra parte, asir la lección que se desprende de los hechos. Pero éstos se encadenan en su cumplimiento con la idea de la cual proceden.

Todo progreso extrae su origen de un sueño o de una utopía que ha tomado consistencia poco a poco en los espíritus. La idea se hace imperiosa entonces (Arcano III del Tarot, La Emperatriz)[29] y se hace generadora de voluntad

---

[29] Ver *El libro del Aprendiz Masón.*

(Arcano IV, Emperador del Tarot[30]. Encontrando la aprobación general, el consenso moral (El Papa), la aspiración se esparce y gana en tensión (VI del Enamorado). En lo sucesivo la ejecución se impone y VII (El Carro) se pone en movimiento con VIII (Justicia) para terminar en IX (El Ermitaño), el Sabio, el Filósofo experimentado, el Maestro.

Nada serio, durable, se improvisa. Es preciso laborar, sembrar, dejar germinar y crecer la siembra, antes de poder, muy tardíamente, guardar una cosecha madura y en punto. Perseguir una realización inmediata es un error. Precipitarse sobre el atractivo del momento equivale, muy a menudo a soltar la presa, por la sombra. ¡Aviso a los políticos pretendidos realistas!

El masón debe estar resignado a no aprovechar él mismo de su trabajo iniciático. Si deja sobre su plano un trazado juicioso, la ejecución de éste se producirá en el tiempo requerido.

El Maestro de la Logia se informa de la hora para abrir y cerrar los trabajos; esta es una lección cuyo alcance importa comprender.

## La tradición

¿Cómo trabajan los Maestros sobre la plancha de trazar? Esta pregunta que el catecismo se guarda bien de resolver es de una extrema importancia. La plancha sobre la cual se dibuja lo que se hará ejecutable, es muy misteriosa como todas las otras particularidades de la Maestría, grado supremo de la Iniciación. La madera en que los Maestros tra-

---

[30] *El libro del Compañero Masón*, para el Arcano VI. Para los otros arcanos, remitirse a *La Luz Masónica*, años 1911, 1912 y 1913.

zan sus planos con la Regla y el Compás, no es el mármol ni el bronce en que se graba la historia, ni aún el ladrillo con inscripciones cuneiformes que nos ha conservado la ciencia de los babilonios. Cada uno de nosotros posee su humilde plancha que no tiene nada de imperecedero. Trazamos en ella nuestro testamento constructivo, el conjunto de voluntades que serán ejecutadas después de nosotros por nuestros sucesores en el cumplimiento de la Grande Obra.

El trazado se efectúa bajo la forma de actos: es nuestro pensamiento vivido, nuestra voluntad traducida en acción que se dibuja sobre la plancha en la cual se inspirarán los obreros de mañana. Somos influenciados por nuestros predecesores y nosotros influenciaremos a nuestros herederos. Ellos se beneficiarán con nuestro pensamiento que se desenvolverá en su mentalidad como un grano que hayamos sembrado. Beberán en la fuente de nuestra voluntad la energía necesaria para realizar nuestro ideal (sueño).

Cada uno de nosotros recoge un patrimonio intelectual y moral que tiene la misión de hacer fructificar, a fin de transmitirlo enriquecido a la generación siguiente. Tal es la Tradición venerable, la Santa Kábala de los iniciados. El Maestro es responsable de este tesoro acumulado por los siglos. Si comprende lo que han querido los más nobles espíritus y si quiere a su vez, desde el fondo de todo su ser, la realización del mismo ideal, se hace por este hecho el digno émulo de los Sabios discretos, quienes desde el origen de las sociedades humanas, no han cesado de conspirar en favor de lo Mejor...

El Progreso no se realiza sino porque es deseado. Sepamos, pues, asociarnos en cuerpo y alma a la cadena de voluntades transmutadoras del mal en Bien. Vivamos para la

Obra, como masones que no esperan su salario sino en la Cámara del Medio.

## Las musas

Nueve hermanas, hijas de la inteligencia Suprema (Zeus o Júpiter) y de la Memoria (Mnemosyna) personificaban a los ojos de los griegos las misteriosas potencias inspiradoras de los artistas y de los poetas. Estas vírgenes que hacen al hombre sensible a los acordes de una armonía delicada, son dirigidas por Apolo, al dios de las artes, realizadoras de lo Bello.

Ahora bien, nadie es Maestro si permanece entregado a sí mismo y no entra en comunión con lo que en torno de él vibra armónicamente. Mientras que no percibimos cierta música hiperfísica no podemos ser llamados a las grandes realizaciones. Por muy hábil e instruido a su manera que sea, el bruto no sabría colaborar útilmente en la Grande Obra, porque su actividad se traduce en un trabajo por demás inarmónico.

El Compañero ha debido instruirse en las artes liberales para elevarse a la Maestría; como adepto del tercer grado se asimila el Arte en lo que constituye su esencia: se hace Artista de una manera general, en potencia psíquica, si no materialmente en acto.

Siempre que el Maestro o el Artista interior, sienta, vibre, y esté en armonía can lo Bello, poco importa lo que él exteriorice por el gesto, porque emite una radiación benéfica, cierta de encontrar su utilización. Traza sobre su plancha figuras que tienen el valor de «pentaclos».

Este término, familiar a los Hermetistas, designa un trazado simbólico, más o menos complejo, en el cual se concentra toda una filosofía. La antigua magia hacía de ella un uso copioso: pretendía conjurar demonios y enfermedades por la virtud de figuras apropiadas, grabadas en amuletos. En nuestros días la Iglesia ha hecho del crucifijo un pentaclo que pone en fuga al Diablo, por no hablar de innumerables medallas; todas milagrosamente eficaces en su dominio. En realidad la virtud particular reside en la idea, los sentimientos generales de energía o el estado de alma que la imagen evoca. Por sí misma ésta no es eficaz, puesto que está entendido cristianamente que en este dominio la fe es la única operante.

Pero, ¿qué decir de un pentaclo invisible trazado por toda una vida de esfuerzos puesta al servicio de un ideal superior? Ya no se trata aquí de niñerías de libros mágicos, sino de reforzamiento de la potencia secreta de los Iniciados. Esta no ha consistido nunca en su número ni en el organismo juicioso de sus agrupaciones, sino únicamente en el valor de lo que ellos han sabido trazar en su plancha enigmática.

Las Musas son las institutrices que nos enseñan a descifrar los jeroglíficos iniciáticos y a leer así en el libro eterno de la Tradición Sagrada. Ellas inspiran al artista, al músico, al cantor, al poeta, pero también y sobre todo, al pensador, porque el pensamiento corresponde a la más sutil de las Artes, al cual nadie se eleva si no ha entrado a la escuela de Apolo y de las nueve hermanas, serenas dispensadoras de ritmos justos y de medidas armoniosa, como lo enseña el mito de Anfion, cuya lira emitía acordes tan perfectos que su acción juntó las piedras de los muros de Tebas que se ajustaron ellas mismas para rodear la ciudad santa con una muralla inquebrantable.

Es preciso comprender la verdad que se dirige a nosotros en un lenguaje de fábula.

# El cuadrado de Saturno

Los números pueden ser dispuestos en cuadrados, de tal manera que sumándolos horizontalmente, verticalmente o en diagonal, se obtiene invariablemente la misma suma. Se forman así cuadrados mágicos de los cuales el más simple se limita a los nueve primeros números y corresponde a Saturno, según los Ocultistas. Este agrupa en cruz los números impares y relega a los ángulos los números pares.

$$
\begin{array}{ccc}
8 & 1 & 6 \\
3 & 5 & 7 \\
4 & 9 & 2
\end{array}
$$

El cuadrado de Saturno

Por más pueril que parezca, toda combinación de cifras es instructiva; pero es a menudo difícil desprender de ella una enseñanza iniciática. En lo que concierne al clásico Cuadrado de Saturno, nuestra atención debe fijarse desde luego en la columna central que nos da el principio, el medio y el fin de la serie de los números de una sola cifra. Eso nos autoriza para designar 1, 5 y 9 al Aprendiz, al Compañero y al Maestro, quienes estarían colocados en las columnas B∴ (8, 3, 4) y J∴ (6, 7, 2).

El Aprendiz tendría así que distinguir 8 de 6; después tendría que conciliar el antagonismo de las dos cifras. Ahora bien, 8 y 6 significan Razón y Sentimiento, Rigor, Justicia, Severidad, en oposición con Dulzura, Bondad, Indulgencia.

Al Compañero se recomienda una distinción análoga entre 3 y 7, entre la concepción teórica y abstracta, que se inspira en la idealidad pura (3) y la ejecución práctica, concreta que tiene en cuenta todas las contingencias (7).

El Maestro, en fin, trazará sus planos conciliando el positivismo matemático, fríamente observador y calculador (4) con auxilios de dones sutiles de intuición y de previsión adivinatoria .del porvenir (2).

El misterio, lo desconocido, aún inexplorado (2) se opone por otra parte diagonalmente a 8, cifra que implica lógica, orden, ley, dominio inteligible que cae bajo la radiación del Sol. La misma oposición entre 4 y 6: el querer positivo que ordena (4) y la aspiración sentimental que se traduce por la pasividad del deseo (6).

Si la iniciación parte del razonamiento del Aprendiz, ejercitado en los límites estrechos del círculo que describe el Compás (8) sondea las profundidades del infinito y hace surgir la luz del seno de las tinieblas para terminar en la videncia del Maestro (2).

## Los sefirotes

Tradición se dice Gabbalah en hebreo, también la Kábala es una filosofía que se transmitía iniciáticamente de generación en generación. Esta se basa en especulaciones numerales, que resume la teoría de los Sefirotes (Números), cuya ambición es religar lo Relativo a lo Absoluto, lo Particular a lo Universal, lo Finito a lo Infinito o la Tierra al Cielo. Esta junción se opera por medio de la década, en que cada término ha recibido denominaciones características.

1. KETHER. Corona o Diadema: Unidad, Centro, Principio de donde emana todo, y que encierra todo en potencia,

en germen o en simiente. El Padre. Fuente, punto de partida de toda actividad. Agente pensante y consciente que dice Ehzeh. ¡Yo Soy!

2. CHOCMAH. Sabiduría: Pensamiento creador, emanación inmediata del Padre: su primogénito, Hijo, Palabra, Verbo, Logos o Razón Suprema.

3. BINAH. Inteligencia, Comprensión: Concepción y generación de la Idea. Isis, Virgen-Madre, que pare las imágenes originales de todas las cosas.

4. CHESED. Gracia, Misericordia, Merced o GEDULAH, Grandeza, Magnificencia: Bondad creadora que llama a los seres a la existencia. Poder que da y distribuye la vida.

5. GEBURAH. Rigor, Severidad, PECHAD, Castigo, Temor o Din, Juicio: Gobierno, administración de la vida otorgada. Deber, dominio de sí mismo; Moral que retiene; Discreción, reserva que obliga a limitarse.

6. TIPHERETH. Belleza: Ideal según el cual las cosas tienden a construirse. Sentimiento, Deseo, Aspiraciones, Voliciones en estado estático.

7. NETSAH. Victoria, Triunfo, Firmeza: El Discernimiento que desentenebrece el caos, coordina las fuerzas constructivas del mundo, dirige su aplicación y asegura el Progreso. El Grande Arquitecto del Universo.

8. HOD. Esplendor, Gloria: La Coordinación, la Ley, la Justicia inmanente, la Lógica de las cosas. Encadenamiento necesario de causas y de efectos.

9. JESOD. Base, Fundamento: Plano inmaterial según el cual todo se construye. Potencialidades latentes. Plancha de trazar. Fantasma preexistente de lo que debe suceder.

10. MALCUT. Reino: La Creación. La Rueda del perpetuo Suceder. La Apariencia, la Fenomenalidad. La Materia, fuente de ilusión y de impostura.

La décima Sefira vuelve a la unidad las nueve precedentes. Ella figura el suelo, sobre el cual se levanta el portador de la Corona, es decir, el Hombre universal, el Grande Adán espiritual, cuyo cuerpo se distribuye como sigue entre las otras Sefiras: Sabiduría, cerebro; Inteligencia, garganta; órganos de la palabra; Gracia, brazo derecho; Rigor, brazo Izquierdo; Belleza, pecho, corazón; Victoria, pierna derecha; Esplendor, pierna izquierda; Base, órganos de la generación.

La década sefirótica era también comparada a un árbol que recuerda al árbol de la vida de las antiguas cosmogonías. El esquema adjunto corresponde a esta concepción.

Las tres primeras Sefiras constituyen una triada intelectual que se refleja en una segunda triada moral o psíquica, la cual es sostenida por una última triada dinámica o física. La columna central 1, 6, 9, 10 es neutra o andrógena, conciliadora de las oposiciones de derecha y de izquierda, 2, 4, 7 que figuran la columna J∴ activa y 3, 5, 8 la columna B∴ pasiva.

El simbolismo masónico concuerda con la Kábala en lo que tiene de esencial. Es interesante, desde este punto de vista, establecer una aproximación entre el árbol de los Sefirotes y la jerarquía de los oficiales de una Logia.

1. La Corona ocupa el Sitio del V∴ M∴ que dirige los Trabajos, y que los brazos de la Escuadra religan a 2 Sabiduría, Razón, Orad∴ y a 3 Inteligencia, comprensión que registra, Secr∴.

4. Gracia y 5 Rigor corresponden al Hosp∴ y al Tes∴; pero estos oficiales deberían invertir sus sitios para permanecer en la lógica del sistema sefirótico.

6. Belleza: conviene al M∴ de Cer∴ ordenador de todo lo que corresponde a las formas.

7. Victoria, Firmeza y 8 Esplendor, Orden, se asocian al 1er y 2º Vig.∴, mientras que 9 Base o Fundamento se refiere al H.∴ Exp.∴ guardián de las tradiciones.

En fin, 10, Reino o mundo prof.∴ es el dominio del H.∴ Guard.∴ Temp.∴ que vela exteriormente por la seguridad de los trabajos. Sabiduría, Fuerza, Belleza, los tres pilares que sostienen simbólicamente al Templo, resumen, por otra parte, la teoría de los Sefirotes, desprendiéndola de las sutilidades metafísicas a las cuales trataban de aludir los antiguos masones constructores. Su fórmula simplificada se contenta con atribuir a la Sabiduría (2ª Sefira) la concepción del trabajo masónico, cuya ejecución está confiada a la fuerza (7ª Sefira), mientras que la Belleza (6ª Sefira) tiene la misión de adornar, de hacer agradable y poner así todas las cosas definitivamente en punto.

## La potencia mágica

El número once ha sido considerado como muy particularmente misterioso, sin duda porque reúne en él el 5 y el 6, cifras del Microcosmo y del Macrocosmo cuyo alcance precisa el esquema siguiente:

La estrella central es la del genio humano, de la inteligencia aplicada, servida por órganos de percepción y de acción. Colocada en el corazón del Mundo en grande (Macrocrosmo) este astro viene a ser lo que podría llamarse la Grande Estrella Flamígera.

Se trata, en otros términos, del Hombre en posesión del máximum de sus medios de realización, que dispone de la Fuerza ejecutiva, que se relaciona con la 7ª Sefira, y que el Arcano XI del Tarot representa bajo los rasgos de una mujer victoriosa de un león.

Pero el espíritu individual humano no triunfa (7ª Sefira) sino en cuanto a centro operante del alma universal, esto es, renunciando a todo egoísmo para ponerse sin reservas al Servicio del Gran Todo. El verdadero Iniciado tiende a concentrar en sí las energías difusas de un vasto ambiente: dispone así de una manera muy real de una potencia ilimitada que proviene de los dioses[31] en el sentido iniciático de la palabra. El masón que se ha consagrado con toda su inteligencia y de todo corazón a la ejecución del plan del Arquitecto Supremo, puede efectuar un trabajo, con mucho, superior a sus medios personales: no está solo, porque con él se solidarizan todas las energías que estimula la misma buena voluntad. La Cadena de Unión es efectiva para todo adepto sincero que, habiendo realizado el equilibrio (8) recibe en proporción de lo que da, beneficiándose con la corriente que ha sabido establecer al transmitirlo.

Para completar el estudio del número Once, es bueno, después de haberlo examinado como la suma de 5 y 6, descomponerlo en 4 y 7; 3 y 8; 2 y 9; 1 y 10, atribuyendo a estas cifras el valor iniciático que extraen del triple ternario y del Árbol de los Sefirotes.

4 y 7 hacen resultar la potencia de 11 de una voluntad enérgica, inquebrantablemente fija y positiva (4), asociada al discernimiento que, poniendo a cada uno en su lugar, sabe dirigir con tacto y mandar, estableciendo la armonía (7).

3 y 8 apuntan hacia la juiciosa aplicación del poder operante de 11, gracias a la cual se desenvuelve y se mantiene. Es la inteligencia (3) asegurando la buena administración (8).

---

[31] Todo lo que obra invisiblemente ha sido divinizado en otro tiempo.

2 y 9 hacen remontar la fuerza iniciática (11) al brillo de la Sabiduría (2), acumulada en la plancha de trazar (9). El Iniciado conspira concentrando las irradiaciones difusas: influye ocultamente en lo que debe suceder; de ahí el secreto de su irresistible poder.

1 y 10 nos muestran, en fin, en 11 la síntesis de la década. Vuelto a la Unidad el Todo se presta para la consumación de las maravillas de la cosa «única» de que trata la Mesa de Esmeralda de Hermes Trimegisto. ¡Penetremos hasta el centro y todo nos obedecerá!

## El duodenario

Doce corresponde a la división más antigua y la más natural del círculo, formada por dos diámetros que se cortan en ángulos rectos y por cuatro arcos del mismo radio que la circunferencia y trazados tomando como centros las extremidades de la cruz.

Esta división ha sido aplicada al cielo, donde determina doce espacios iguales, que el Sol recorre con regularidad en su carrera anual aparente alrededor de la tierra. Las constelaciones que coincidían en otro tiempo con estos espacios les han dado sus nombres, sacados de animales o de seres animados. Así se forma el duodenario zodiacal cuyo simbolismo es de una extremada importancia, porque el año viene a ser el prototipo de todos los ciclos, haciendo alegoría tan bien de las fases de la vida humana como de las de la Iniciación.

En los misterios de Céres, el Iniciado compartía, en efecto, los destinos del grano confiado al suelo. Como éste debía sufrir la influencia solar para desarrollarse y fructificar, y después volver a pasar por el encadenamiento de metamorfosis del cual resulta la revolución circular de la vida. Cada signo del Zodíaco toma bajo este punto de vista una significación particular que nos esforzaremos en precisar, después de haber administrado algunas indicaciones generales sobre el simbolismo de los doce signos.

La figura impresa más abajo resume las tradiciones relativas al zodiaco, cuyos signos se ligan al septenario de los planetas en este sentido el Sol ·.·, tiene su domicilio en el León ♌ y que la Luna ⚷ está en su casa en Cáncer ♋. Los otros dominios o esferas de influencia se reparten como sigue:

| Mercurio | ⚹ | Gemelos | Ⅱ | Virgen | ⌐ |
| Venus | ☐ | Toro | ≐ | Balanza | ⌐ |
| Marte | ∪ | Carnero | ≙ | Escorpión | ⌐ |
| Júpiter | △ | Peces | ··· | Sagitario | ∩ |
| Saturno | ☐ | Acuario | ··· | Capricornio | ℧ |

Cada signo participa, por otra parte, de la naturaleza de uno de los cuatro Elementos, de ahí la clasificación siguiente:

| .·· | Fuego | ≙ ∟ ∩ |
| ·.. | Tierra | ≐ ⌐ ℧ |
| ⋮ | Aire | Ⅱ ⌐ ··· |
| ‖ | Agua | λ ⌐ ··· |

Pentaclo[32] de cada uno de los Signos del Zodíaco, combinados con su Planeta y su Elemento

---

[32] Trazado simbólico.

Cada signo está así caracterizado por un Planeta y por un elemento. Veamos lo que se desprende de estos datos con relación a la Iniciación. Doce pentaclos uniendo el Elemento y el Planeta al signo correspondiente nos ayudarán a dilucidar la cuestión.

CARNERO. Fuego. Marte: se trata del Azufre D de los Alquimistas. Fuego constructivo interior, que estimula todo crecimiento y todo desarrollo. Adormecido durante el invierno, despierta en la primavera, hace germinar el grano y provoca la abertura de los brotes. Representa la iniciativa individual, que se levanta bajo el impulso de una influencia exterior general, como la energía aprisionada en los gérmenes entra a obrar a la señal del Sol. El ardor iniciático que conduce a buscar la Iniciación.

TORO. Tierra. Venus: la Sal G materia receptiva en la cual se ha efectuado la fecundación. La elaboración interior. Juiciosamente reparado, el recipiendario ha sido admitido a las pruebas.

GEMELOS. Aire. Mercurio: Los hijos de la Tierra fecundada por el Fuego. El doble Mercurio de los Alquimistas simbolizado por dos serpientes o por una serpiente de dos cabezas. La vitalidad constructiva y organizante. La sublimación de la materia en la flor que se expande. El neófito recibe la luz.

CÁNCER. Agua. Luna: la savia hincha las formas que alcanzan su plenitud. La vegetación es lujuriosa. Es la estación de las hojas, de las yerbas y de las legumbres, pero los granos y las frutas permanecen verdes. Los días son largos: la luz abunda. El Iniciado se instruye, asimilándose la enseñanza iniciática.

LEÓN. Fuego. Sol: el ardor sulfuroso e interior del Carnero que ha desempeñado su tarea constructiva; el Fuego exterior interviene para secar y matar lo que no es sino construcción acuosa, para cocer y madurar la envoltura de los gérmenes ígneos. La razón implacable ejerce su crítica rigurosa sobre todas las nociones recibidas. El Iniciado controla por si mismo con severidad las ideas que han podido seducirlo.

VIRGEN. Tierra. Mercurio: la substancia fecundada, esposa virginal del Fuego fecundador, pare y recobra su virginidad. La cosecha está madura, el calor menos tórrido. Habiendo hecho su elección entre los materiales de construcción, el Iniciado los junta para desbastarlos y tallarlos conforme a su destino.

BALANZA. Aire. Venus: equilibrio de las fuerzas constructivas y destructivas. Madurez: el fruto en todo su sabor. El Compañero en estado de desplegar su máximo de actividad útilmente aplicada.

ESCORPIÓN. Agua. Marte: la masa acuosa fermenta. Los elementos de la construcción vital se disgregan, atraídos hacia nuevas combinaciones. Desorganización revolucionaria. El Sol precipita su caída hacia el hemisferio austral. Complot de los malos Compañeros. Hiram es herido de muerte.

SAGITARIO Fuego. Júpiter: el espíritu animador se ha desprendido del cadáver y planea en las alturas. La naturaleza toma un aspecto desolado. Los obreros abandonados sin dirección se lamentan. Se dispersan para buscar el cuerpo del Maestro asesinado.

CAPRICORNIO. Tierra. Saturno: nada vive ya: la substancia terrestre está inerte, pasiva, pero fecundable de nuevo. La tumba de Hiram es descubierta, gracias a la rama de Acacia, único vestigio de la vida desaparecida.

ACUARIO. Aire. Saturno: los elementos constructivos se reconstituyen en la tierra reposada que se prepara para nuevos esfuerzos generadores; ésta se satura de dinamismo vitalizante. El cadáver del Arquitecto es sacado a la luz y la cadena se forma para resucitarlo.

PECES. Agua. Júpiter: el hielo se rompe; las nieves se funden; regando el suelo de fluidos propios para ser vitalizados. Los días alargan rápidamente, el reinado de la luz se afirma. Hiram es vuelto a levantar: vuelve a tomar conciencia: la Palabra perdida es recobrada.

## El féretro de Osiris

Una ley única rige al Universo, todo se construye en él según los mismos principios de arquitectura. Se debe, pues, encontrar en pequeño lo que existe en grande. Partiendo de este dato, los antiguos han establecido una relación de analogía entre los signos del zodiaco del Macrocosmo y las partes del cuerpo del Microcosmo. Resultan de ella las correspondencias siguientes:

≙ Carnero. Cabeza, cráneo, cerebro.

≗ Toro. Cuello, maxilares, vértebras cervicales, boca, garganta, órganos de la palabra.

Ⅱ Gemelos. Brazos, omóplatos, clavícula y músculos motores. Órganos de acción exterior, de trabajo y de realización.

Este primer ternario se refiere, pues, a la fórmula: Pensamiento, Palabra, Acción. Se refiere al Espíritu o a la Inteligencia y a sus manifestaciones.

♋ Cáncer. Pecho, cavidad torácica, pulmones. Órganos de la respiración, que mantienen la vida, renovándola continuamente.

♌ León. Corazón, epigastrio, plexo solar, vértebras dorsales. La circulación de la sangre, que reparte el ardor vital en todo el cuerpo.

♍ Virgen. Abdomen. Vértebras lumbares. Intestinos. Nutrición, fuentes de regeneración continua de los tejidos.

Este segundo ternario, que ya no tiene nada de intelectual, es enteramente de orden vital. Se aplica a la producción y a la repartición de la vida, lo mismo que a la reparación del desgaste que resulta de su funcionamiento.

♎ Balanza. Caderas, huesos del bajo vientre, riñones, órganos de la secreción y de eliminación. Sostenimiento del equilibrio vital gracias a la expulsión de los elementos usados.

♏ Escorpión. Ano. Pubis. Órganos sexuales. Reproducción. Perturbaciones que resultan del celo amoroso.

♐ Sagitario. Muslos. Fémur (Asiento base del tronco). La fibra muscular, su elasticidad y sus reservas dinámicas. Magnetismo animal.

Este tercer ternario corresponde más particularmente al instinto que asegura la policía del organismo, perpetúa la especie y provoca entre los individuos las atracciones y repulsiones irrazonadas, efectos de polarizaciones sexuales.

♑ Capricornio. Las rodillas y por extensión las articulaciones en general. Ligamentos. Lo que liga en los huesos entre sí y les permite obedecer a los músculos. El cimiento del simbolismo constructivo.

... Acuario. Las Piernas, sus dos huesos y por extensión el tejido huesoso. Los órganos de la locomoción que permiten a los hombres aproximarse y colaborar.

··· Peces. Los pies que permiten mantenerse erguidos. La posición vertical, muestra de superioridad sobre los animales.

Este último ternario parece hacer alusión a la vida social. Respecto de la jerarquía (rodilla que se dobla). Conservatismo, Religión, Libertad, Progreso (piernas que marchan). Dignidad del individuo, respeto de sí mismo, culto de la Hominalidad.

## El Adam Kadmon

Doce cierra el ciclo de los números sobre los cuales se ejercían de preferencia las especulaciones filosofales. A los doce trabajos de Hércules y a los doce Signos del Zodíaco, se hacía corresponder otras tantas fases de la ejecución de la Grande Obra. Pero, como doce cierra el círculo, trece se encuentra excluido de él; de ahí viene el carácter nefasto atribuido a esta cifra, a la cual el Tarot asocia la imagen de la Muerte que arrasa todo lo que no posee sino una existencia efímera.

En realidad si se quiere llevar el estudio de los números más allá del duodenario, es preciso basarse en el triple ternario de la plancha de trazar y considerar a su continuación un nuevo agrupamiento por 9.

| 1 | 2 | 3 |
|---|---|---|
| 4 | 5 | 6 |
| 7 | 8 | 9 |

| 10 | 11 | 12 |
|----|----|----|
| 13 | 14 | 15 |
| 16 | 17 | 18 |

Estos triples ternarios o enneadas pueden superponerse, de manera que 10, 11 y 12, toman el valor simbólico de 1, 2 y 3, y así sucesivamente de las otras cifras. Pero, correspondencia y analogía no son identidad: se trata, pues, de procedencia a una transposición de los significados, considerando los nueve primeros números como que se relacionan, en su conjunto, con el Hombretipo, metafísico o abstracto, con el Adam Kadmon de los Cabalistas. Adán superior o celeste que ellos oponen al Adán inferior o terrestre. Hombre colectivo concreto, al cual se refiere el conjunto del segundo, triple ternario.

La unidad del Adán celeste resulta de una triple triunidad que se deduce de la proposición «yo pienso». Estas dos palabras implican, en efecto, un sujeto que piensa (1, causa) que no es tal sino porque piensa; ahora bien, no se podría pensar (2, acto) sino pensando algo (3, efecto). Pero, si distinguimos lógicamente la causa del acto y del efecto, hay ahí en realidad una trinidad unitaria, que se encuentra necesariamente en la base de todo. Del dominio de la pura ideación se transporta al de la volición, porque, si yo pienso, tengo conciencia de ello y soy consentidor: quiero pensar (4, causa que quiere). Pero, aquí todavía no quiero, sino haciendo acto voluntario (5) y queriendo algo. Esto no es todo: la voluntad no se ejerce en el vacío; su mandato se aplica a fuerzas cuya generadora es ella (7), que ella hace obrar (8) y que ella acumula (9).

Todo este conjunto se sintetiza en 10, monada espiritual de que procede el Adán terrestre. La acción propia de esta monada será 11, y el resultado inmediato de esta acción será 12.

En cuanto al número 13, penetraremos su significado si nos remitimos a la 4a. Sefira. Ahora bien, ésta corresponde a la Bondad que distribuye la vida, mientras que a 13 se liga una idea de muerte, esto es de destrucción de la vida. La oposición parece irreductible, y sin embargo, la vitalidad colectiva del Gran Adán terrestre (Reino hominal) se alimenta del contenido liberado por la disolución del continente. La Muerte no destruye la energía vital sino que se limita a hacerla volver a entrar en la circulación general (14). El arcano XIV del Tarot representa, en efecto, a la Temperancia bajo los rasgos de un ángel que trasvasija incesantemente el fluido vital universal de un ánfora a otra. Este fluido determina por otra parte las polarizaciones sexuales, que gobiernan la vida animal y corresponden al dios Pan (15), bautizado con el nombre de Diablo en la Edad Media (Arcano XV del Tarot).

El discernimiento armonizador (7) hace sitio en el Adán terrestre al enceguecimiento del egoísmo (16) que desencadena la lucha por la vida. La Justicia (8) no reina, así, más en el cielo, sin que, sin embargo, la tierra sea entregada a una completa anarquía, porque el interés colectivo influye sobre los individuos y les inspira una estética (17) representada por las Estrellas del Arcano XVII del Tarot. La experiencia teórica (9) no obtendría, sin embargo, jamás la sanción del hecho, si el dolor no viniese a imponerlo. Iluminada a medias, la Humanidad progresa, pero esto es bajo el aguijón de una dura necesidad. El trabajo se ejecuta, pero no de plena voluntad: se impone, es forzado.

Este estado de derrota corresponde a 18 y al sendero de la vida, sobre el cual cae la incierta claridad de la Luna en el Arcano XVIII del Tarot.

Pero nuestra esclavitud debe tener fin, porque un Redentor (19) nos ha sido prometido. El Arcano XIX la identifica con el Sol que ilumina definitivamente a los hombres, convirtiéndolos a la sana razón. Este será el advenimiento de la Verdadera Luz, cuya irradiación será regeneradora, como lo muestra el Arcano XX (El juicio) de tal manera que resultará de él la armonía universal del Mundo regenerado (Arc. XXI). El Templo ideal que construyen los masones está, así representado por el número 21, síntesis de un triple septenario o de un séptuple ternario.

Estas indicaciones encuentran su comentario gráfico en el Tarot, cuyo estudio proporcionará la materia de una obra titulada *El Alfabeto de los Iniciados.*

# LAS PRERROGATIVAS DE LA MAESTRÍA

## El sombrero

El Maestro que en el siglo XVIII dirigía los trabajos de su logia, permanecía cubierto en señal de autoridad. Los hermanos elevados al 3er grado se cubrían lo mismo en Cámara del Medio, confirmándose así los iguales de su presidente.

Los logias anglosajonas ignoran actualmente esta costumbre que es mantenida en Alemania generalizándose tanto que todos los hermanos aún los Aprendices, enarbolan en logia el sombrero de ceremonia. Pero no ya como una manifestación de igualdad, porque el ritual prescribe que deben descubrirse cada vez que se hace mención del Grande Arquitecto del Universo.

Simbólicamente todo el interés del sombrero se limita al hecho de que reemplaza a la Corona (Kether 1ª Sefira de los cabalistas). Como emblema de soberanía, tiene la misión de hacer comprender al que lo lleva, que no es un jefe que tiene poder de mandar arbitrariamente según sus apreciaciones personales. Un soberano debe reinar y no ejercer un mando. Ahora bien, no se reina sino interpretando la voluntad general. El Maestro no dirigirá, pues, su Logia a su idea, sino que se inspirará en las aspiraciones más elevadas de la colectividad. Es la idealidad colectiva la que forma la diadema luminosa, coronamiento del árbol de los Sefirotes, que deben recordar en otro tiempo el tricornio del Maestro de la logia.

En nuestros días, en las logias latinas, los Maestros no se cubren sino para trabajar en el tercer grado. Todos afirman, así, que son capaces de mantener el mallete y de portarse, llegado el caso, como dignos soberanos iniciáticos.

Sabiendo hacer abstracción de sí, el Maestro se hace, en efecto, apto para reinar, no como déspota o como potentado vulgar; sino como adepto del Arte Real, digno de ocupar el trono de Salomón, el más sabio de los reyes. El individuo que se domina a sí mismo y no sufre ninguna desviación se eleva a la realeza de los Iniciados. Como nada lo domina, es libre y no se determina sino bajo la influencia de la más clara razón.

Todo Maestro debe esforzarse en realizar este ideal que le confiere prerrogativas importantes, de las que llevar sombrero, no es más que un símbolo sutil en su apariencia bastante grosera.

## La soberanía de los Maestros

En masonería ninguna actividad es superior a la del Maestro. Por sobre el Maestro no hay nada. El que dirige los Trabajos no es superior en nada a los otros Maestros y les debe cuenta del desempeño de su función. El mismo Gran Maestro no es sino un delegado de los Maestros y es en nombre de ellos y bajo su control que él gobierna una federación de logias.

Un gobierno masónico no posee, por otra parte, ningún poder por sí mismo. El es el ejecutor puro y simple de la voluntad de sus comitentes y su papel se limita a la gestión de los intereses colectivos. Pero las logias no tienen que recibir ninguna impulsión de una administración común. Si éstas sintieran la necesidad de ser dirigidas, no serían todavía sino embriones de logias, talleres que no saben trabajar por sí mismos, de ahí la necesidad de dirigirlas y de mantenerlas bajo tutela.

No sucederá nunca eso en una verdadera logia, que gobiernen Maestros animados por el espíritu de Hiram, porque el trabajo no faltará jamás allí y alcanzará todos los frutos que hay en el derecho de esperar, por sobre toda estimulación exterior.

La logia autónoma es el único organismo fundamental de la vida masónica. Son las logias que trabajan masónicamente las que constituyen entre ellas la masonería universal, cuya existencia, desde 1717, no han llegado sino a comprometer las Grandes logias y las otras jurisdicciones o potencias masónicas, multiplicando las disensiones y los cismas. Ahora bien, la verdadera masonería no tolera divisiones, porque es de su esencia ser unida. Pero la unidad masónica no es realizable sino entre logias libres, no sujetas a legislaciones arbitrarias de agrupaciones locales. Si conviene a las logias formar confederaciones entre ellas, les es permitido someterse a una obediencia común: pero un grupo de logias no puede hacer leyes sino por su propia cuenta y no tiene el derecho de juzgar a otras agrupaciones análogas. Quien condena a otro se condena a sí mismo, excluyéndose de la universalidad; ésta es una ley necesaria de la pura y auténtica francmasonería, aunque muy a menudo desconocida.

Importa, pues, que los Maestros encargados de la dirección y del gobierno de las logias tengan conciencia de su soberanía, de la cual deben mostrarse celosos. No tienen que obedecer sino a las decisiones tomadas en el interés común y deben rehusar formalmente soportar fantasías legislativas contrarias al espíritu masónico.

Bajo este respecto, el verdadero Maestro sabe juzgar; en caso contrario su recepción al tercer grado no ha sido sino una grotesca musaraña. Aquel en quien Hiram ha encontrado un cuerpo, se hace realmente Maestro en masonería y no se inclina ante ningún mandato; el espíritu rector de la institución está en él y lo inspira en todos sus actos de soberanía.

Pero es difícil ser Maestro; por esto las logias que se sienten dirigidas de un modo vacilante (a tientas) buscan por fuera la dirección ausente en el interior. Se subordinan entonces a una «Obediencia», lo que es la negación misma de la francmasonería, suprema escuela de libertad.

Formulado así, sin reticencias, el ideal hacia el cual debemos tender, conviene recordar que en la práctica únicamente la aceptación de una disciplina hace posible la colaboración. Es, pues, más cuerdo someterse a una regla criticable, que pretender no obrar sino según su idea. El verdadero masón sabrá discernir y no obrará sino inspirándose en el bien real de la Orden. No olvidará nunca, por otra parte, el respeto que todo iniciado debe a la ley, por más imperfecta que sea.

# La emancipación

La independencia de las logias y la soberanía de los Maestros se afirman desde la fundación del taller. Este se constituye por la voluntad de los Maestros que se han unido en vista de la creación de un nuevo hogar de vida masónica. Estos Maestros ejercen con ello un derecho imprescriptible de la Maestría y ellos son quienes legitiman la logia que fundan, sin que tengan que solicitar autorización de nadie. No están de ningún modo obligados a ligar su logia a una agrupación preexistente y si les conviene proclamar al taller independiente de toda potencia masónica, obrarán en la plenitud de sus derechos, que eran incontestables antes de 1717.

En esta fecha, cuatro logias de Londres, en peligro de desaparecer, se reunieron para constituirse en Gran Logia, innovación que fue de grandes consecuencias, puesto que dio nacimiento a la masonería moderna. Lo que hace la grandeza de esta masonería, son los principios que fueron formulados en su nombre en 1723; su debilidad por lo contrario, reside en la institución de los gobiernos masónicos. Estos se han revelado como usurpadores desde el principio. Se han abrogado el derecho de legislar en materia masónica y han exigido de las logias una subordinación humillante. En una Obediencia, las logias son tratadas como hijas menores que no deben emprender nada sin haber obtenido previamente el permiso de una autoridad central que controla todos sus actos. Por lo demás, estas logias son llamadas logias-hijas de la logia-madre a las que deben la existencia. Lo peor es que las Grandes Logias se erigen en jueces de la «regularidad» de otras y que «reconocen» o excomulgan según su gusto, evocando pretextos que reniegan de todo espíritu masónico.

Es tiempo que este escándalo termine; pero a este efecto los Maestros deben resucitar a Hiram y restituir a las logias los derechos que no se dejaron usurpar sino porque carecían de Maestros.

Ahora bien, si hay en el seno de las logias penuria de Iniciados reales, es porque la Maestría no está al alcance del primero que llega. Por asegurar su prosperidad material, muchos talleres hacen reclutamiento intensivo, olvidando que, al decir de los Antiguos, no toda madera es buena para hacer un Mercurio y que un profano por más bien intencionado que sea, no tiene siempre en sí el género de un Maestro. En el hecho, las logias de todos los Ritos y de todas las obediencias, están llenas de elementos para quienes la Maestría no ha permanecido sino puramente convencional.

Las logias, por consiguiente, no son hogares de verdadera vida masónica: son agrupaciones donde predominan preocupaciones apenas teñidas de masonismo. Se contentan en cumplir ritos, fraternizando de una manera muy laudable, sin olvidar jamás las miserias humanas que se esfuerzan en aliviar. Es un buen principio; pero no hay que contentarse con eso. Si no tuviéramos en nuestro activo sino nuestras obras de beneficencia, seríamos inferiores a una cantidad de asociaciones profanas, organizadas especialmente para ayudar a los desgraciados.

En realidad, nuestro modo de hacer bien, no está destinado a traducirse sino en una debilísima proporción por socorros materiales. Nuestro trabajo debe beneficiar menos a los individuos que a la Humanidad en su conjunto: no podría ser fecundo si no fuera bien dirigido; de ahí la necesidad de formar Maestros, si la masonería debe llegar a ser una realidad.

Pero la francmasonería no saldrá de su fase demasiado exclusivamente ceremonial y muy poco operante, sino desprendiéndose del exceso de materialidad que la abruma. Desde hace doscientos años se ha dado una forma que no es necesariamente definitiva. El oficio del H∴ Tesorero ha tomado demasiada importancia a consecuencia de la ambición de las logias de tener un local amoblado para su exclusivo uso. Ahora bien, para quien debe obrar espiritualmente, finanzas y propiedades son cargas pesadas de las cuales nos enseña a librarnos la tradición.

Los masones convencidos no tienen necesidad de un templo pomposamente decorado, puesto que poseen el arte de transformar en santuario cualquier local. Pueden, pues, constituirse en logia de la más absoluta regularidad dónde y cuándo bien les parezca. Ellos no tienen diplomas que conferir ni palabras semestrales que comunicar. En verdadera Iniciación los pergaminos no son sino piel de asno y una palabra soplada al oído no es suficiente para hacerse reconocer.

La masonería no será mayor de edad, libre y plenamente operante, sino desde el día en que los Maestros se declaren como tales.

¡Pueda el presente manual contribuir a iluminar a los discípulos de Hiram y a ayudarlos a encontrar la Palabra de Vida que levanta por la acción a la víctima de los malos obreros!

¡Realcémonos y seamos Maestros!

# Los Altos Grados

La Maestría es una cumbre, término fatal de toda ascensión: el que se siente Maestro no tiene nada más que ambicionar. Pero no todos los que han desempeñado el rol de Hiram se han penetrado del espíritu del rito. Ellos han soportado pasivamente un ceremonial al cual no se liga ninguna gracia santificante, tanto que, no habiendo sabido poner en ello nada de su parte, han permanecido después lo mismo que eran antes. Sobre más de tres millones de masones que enarbolan las insignias del tercer grado. ¿Cuántos adeptos se encuentra que posean, aunque no sea sino un humildísimo comienzo de Maestría? ¿Cuántas logias están en su justo derecho de decirse «Justas y Perfectas», basándose en el hecho de que los tres que las dirigen son Maestros efectivos?

Toda la masonería llamada simbólica no es — ¡ay!— sino el símbolo de lo que debería ser realmente. Se ha apercibido esto, en el siglo XVIII, desde que la masonería actual hubo tomado alguna extensión. Constatando que los que se decían Maestros no lo eran, los que creían serlo en cierta medida sintieron la necesidad de desarrollar la Maestría en talleres fundados especialmente para este efecto.

Es así como una mejor selección debía ser realizada por los Maestros Escoceses que surgieron hacia 1740 con la ambición de formar en un 4º grado, que hacía falta en las logias azules, los Maestros efectivos. El rojo sería en lo sucesivo el color de los talleres superiores.

Pero como el 4º grado no fue más feliz prácticamente que el 3er, hubo bien pronto puja en la multiplicación de los grados.

¿Por qué habría de detenerse en 4 cuando 7 es un número mucho más prestigioso? En la excelente intención de perfeccionar la masonería y de realizar la verdadera Maestría, numerosos ritualistas se pusieron a la obra y combinaron jerarquía de grados, por decirlo así, hasta el infinito.

Todos los autores que han profundizado el ternario fundamental de la masonería, han condenado con severidad la «embriaguez de los altos grados», elucubraciones fantásticas que no contribuyen sino a extraviar el espíritu y a hacer conocer mal al masonismo puro.

Esta crítica es ampliamente justificada, porque si el ritual de los tres grados llamados «simbólicos» lleva visiblemente la marca de los Maestros, nada, por el contrario, es menos magistral que el simbolismo de los grados llamados «filosóficos». Todo siente ahí la falsificación penosa, y la idea iniciática no se traduce en ninguna parte en síntesis luminosa.

Si no han estado felizmente inspirados, no es preciso, sin embargo, arrojar la primera piedra a los inventores de los grados altos. Ellos perseguían el ideal de la verdadera Maestría y, si han tomado un camino falso, buscando el gran Arcano, sus tentativas infructuosas permanecen meritorias y sus errores son instructivos.

Todos los sistemas supra-masónicos del siglo XVIII, se han fundido finalmente en los 30 grados que el Rito Escocés superpone al ternario primitivo. Históricamente esta jerarquía presenta un incontestable interés; ha tomado, por otra parte, una importancia particular desde el punto de vista internacional, puesto que los Supremos Consejos Confederados realizan en su dominio propio la universalidad masónica que es la piedra de escándalo de la masonería azul.

Se dan encontrado, además, entre los hermanos de altos grados, masones de una vasta erudición que se han esforzado en sacar el mejor partido posible de los grados que ellos no habían inventado. Nada más justo es rendir homenaje a este respecto al H∴. Albert Pike, que fue Soberano Gran Comendador del Supremo Consejo por la Jurisdicción Sud de los Estados Unidos de 1859 a 1891. Escritor de gran talento, este hermano quiso espiritualizar el Escocismo, agregando a cada grado una profunda enseñanza iniciática, desarrollada en una sabia obra titulada *Moral and Dogma*. No se le puede reprochar sino el haberse dejado deslumbrar por los treinta grados considerados como superiores, y de haber así desdeñado profundizar los fundamentos mismos de la francmasonería.

Los altos grados han tenido, en efecto, el gravísimo inconveniente de desviar a muchos masones del estudio perseverante de la síntesis ternaria primordial. Por eso han sido perjudiciales y caen bajo el peso de la requisitoria de historiadores tales como Findel.

Pero, gracias a numerosos hermanos esclarecidos, se ha operado una evolución en el seno del Escocismo, quien renunciando a pretensiones injustificadas, ya no se esfuerza, en Francia, en Suiza y en Bélgica, por lo menos, sino en volver a tomar el programa iniciático de los tres primeros grados.

## La Logia de Perfección

Los grados inmediatamente superpuestos a la Maestría y que se confieren en Logia de Perfección, son característicos a este respecto. El Maestro Secreto (4º grado) vuelve a pasar en cierto modo, por las pruebas del aprendizaje, cuyo esoterismo es llamado a penetrar esta vez. Así preparado, el aprendiz altamente graduado se esforzara en hacerse Maestro Perfecto (5° grado) participando en los funerales de Hiram, celebrados pomposamente por el Rey Salomón. Este grado desgraciadamente es muy hueco como muchos otros que a menudo hacen doble empleo entre ellos. Lo es también en cuanto la premisa se presenta como falsa e inconciliable con la pura concepción masónica. Estos grados malamente establecidos, hacen número (son numerosos) en la jerarquía; pero eso es todo, porque no se confieren in extenso: se les salta limitándose a declarar al recipiendario que está investido de ellos. Los escalones escoceses no se suben uno a uno; los más instructivos sólo dan lugar a una recepción ritual; pero el fin perseguido sobre todo en Logia de Perfección, es exclusivamente hacer la educación masónica de verdaderos Maestros.

Los altos grados se recomiendan, pues, a los masones que aspiran a la Maestría y no saben elevarse por sí mismos hasta ella en Cámara del Medio. Para ayudarlos, el Escocismo les ofrece cursos de repetición que tienen su valor sin ser indispensables.

Ciertos grados, pretendidos superiores, son en realidad lamentablemente inferiores en su tema, que no tiene nada de iniciático.

Nada es más falso, desde este punto de vista, que poner en escena el castigo de los matadores de Hiram, cuya muerte no tiene que ser vengada.

Los iniciados no castigan jamás, y se vengan aún menos. En atención al mal, son los médicos que curan. En cuanto masones, reconstruyen lo que ha sido destruido; no combaten la ignorancia odiosa sino esparciendo generosamente la luz, y no oponen al fanatismo ciego otra cosa que su tolerancia plenamente esclarecida. Y cuando la perversidad ambiciosa compromete la salvación común, los Sabios hacen surgir de la corrupción un orden mejor por la coalición de las voluntades sanas.

Reaniman el ideal del que las sociedades humanas tienen necesidad para mostrarse dignas de ellas mismas.

En resumen, la necesidad de los altos grados no se habría hecho sentir jamás, si los tres grados fundamentales no hubieran quedado prácticamente en letra muerta. Los grados superiores perderán toda razón de ser, desde que las logias se muestren capaces de formar Maestros efectivos.

No demolamos nada de eso. Esforcémonos más bien en hacer nuestras clases iniciáticas aprovechando las enseñanzas que se presenten.

El Maestro se instruye por todas partes, aún en las escuelas equívocas que se basan en tradiciones mal comprendidas. Si él no sabe rectificar constantemente y poner las cosas en su lugar, adivinando la verdad bajo la expresión desgraciada que la desfigura, es porque no han encontrado la luz del tercer grado.

¡Puedan los lectores de este manual poseerla y penetrar el verdadero sentido de lo que en él se encuentra de enigmático, de involuntariamente misterioso!

Esta obra del «Fondo histórico de la masonería»
de la EDITORIAL MASONICA.ES®
terminó de componerse en letra
de tipo Acacia 3/Acacia Lt
en el día 24 de junio
del año 2017
(e∴v∴)

www.ingramcontent.com/pod-product-compliance
Lightning Source LLC
LaVergne TN
LVHW041154080426
835511LV00006B/588